社会建构论译丛

上海文化发展基金会图书出版专项基金资助项目
焦点科技股份有限公司"优势教育"项目

杨莉萍 [美]肯尼思·J.格根 主编

Social Construction:
Entering the Dialogue

社会建构：进入对话

[美] 肯尼思·J.格根 玛丽·格根 著

张学而 译

上海教育出版社

Editors' Preface　　译丛总序 I

　　能够同中国的研究者、学生和实践者分享有关这套丛书的想法,我深感荣幸和快乐。感谢上海教育出版社提供这个机会。在过去三十多年的时间里,我一直致力于有关知识的性质、真理、客观现实和理性的深远对话。这些对话质疑所有为长期受推崇的传统理念辩护或提供基础的那样一类尝试。对话产生于不同族群长期争斗而充满血腥味的人类历史,人们纷纷主张自己对知识、真理、客观现实和理性的话语权。因为,承认某一种现实、理性和道德,意味着不赞成这种观点的那些人被踢出局;声称某些人在这些方面具有优越性,意味着其他声音被定义为低劣。一部血雨腥风的人类史几乎就是由对真实、理性和道德的不同信念与分歧写就的。对话的重要成果之一便是这样一种意识的扩展,即我们的信念是由处于不同历史时期、不同文化背景下的组织内部发展出来的。换句话说,我们关于真理、客观现

社会建构：进入对话
Social Construction: Entering the Dialogue

实和理性的信念是在社会中被建构出来的。除此之外，再无别的基础。正是这种认识促使人们开始尝试从过去各种对真理的诉求中解放出来。事实上，一切被我们视为真理、事实和正确的东西都具有可选择性，都可以是另外一种样子。更重要的是，这种建构的意识促使人们广泛探索，共同开发创造未来的潜能。"共同"这个词非常重要，我们在此所说的并不是个体的而是在社会中被创造出来的现实。

这样的对话在世界范围内蔓延。这不再是"西方价值向世界其他区域的传播"，而是到处都面临着同样紧迫的难题，即怎样才能在这样一个充满分歧的世界中顺利前行。当代科学技术让世界大大缩小，我们发觉自己越来越多地需要面对那些信守与我们不一样的现实、理性和价值的人。这些分歧不仅导致个体对"异己者"产生冷漠，而且是滋生仇恨和掳掠的温床。在这样一个任何个体都有能力创造出毁灭性武器的星球上，我们有可能要面对"所有人反对所有人"的未来。那么，至少我们应该了解建构了我们的信念的文化和历史根源，以及它们的优势和局限性。更进一步，我们必须找到弥合分歧的途径和办法。如果加上足够的创造性，我们甚至可以开展新的建设性的合作。

这场对话的全球性参与,部分是基于这样一个事实,即许多文化本身就包含或推崇某些与建构论相一致的传统。一个显著的例子便来自中国文化。我们发现,儒家、道家和佛家传统都可能丰富当代建构论的对话,它们都意识到关系和谐的重要性。当然,这并不意味着有关社会建构论的对话与这些传统完全相同,你甚至可以从中发现许多冲突,这一点都不奇怪。从建构论的立场看,重要的不是分辨谁真谁假,或评价谁对谁错,而是分享和成长。我们可以基于彼此的相似性,越来越多地领会我们之间的不同。基于任何一种分歧,我们都有可能发展出拓展行动潜能的可能性。在这种意义上,建构论的对话不服从任何个人,而是归属于所有的人。对话的目的不是要把建构论奉为新的真理,而是接受各种思想的涌现,但不再把它们视为自然规律,只是视它们为被建构出来的可能性。建构论并不是某种依据传统标准判断事物真假对错的信念系统,而是通过不断对话或以对话为工具,创造各种能够给我们带来惊喜的美好事物。

　　这样的结果如今发生在世界各地:从挪威对问题青少年的教育系统到巴西的平安社区建设,从加拿大小镇的管理到南非的调停努力,从澳大利亚新的治疗实践到阿拉伯联合酋长国妇女的职业化,等等。因此,对于我来说,能够参与有关建构论的中国对话,了解与当地文化和历史密切相关的建构论实践,是一件特别值得高兴的事。我在中国遇见许多研究者、学生和专业人士,他们为建构论的对话注入了新的活力,同时也发出了质疑的声音。他们有着自己特殊的关切、希望和价值,他们将来自中国文化传统的敏锐鉴赏力融入对话。通过与他们讨论,我看到激动人心的新的实践已经出现。所有这些都是加入全球共享的重要开端。就个人而言,我愿意充当这些富有启发性的发展的推进者。

与此同时,感谢上海教育出版社的朋友,是他们促成了这一重要的交流,将这套书由英文翻译成中文出版。我和莉萍教授一起工作,并得到她的和我的同事们的帮助。到目前为止,我们共选择了10部重要著作组成"社会建构论译丛"这一丛书,未来有可能再增添新的著作。对这些书的选择是出于几个方面的考虑,希望这些来自不同领域的著作能够向中国读者传达社会建构论的思想和理论观点,介绍某些符合建构论特点的重要研究形式,展现建构论思想的一系列实践成果。其中一些著作还反映出建构论思想如何引导新的写作方式。策划这套丛书的目的并不是为中国未来的工作提供模板或一系列行动指南,而是希望这套丛书能在中国引发更多的讨论、研究和实践。因为一旦建构论的思想和意象植根于这片肥沃的文化土壤,全人类都将受益于即将发生的观念创新。我热切地期盼着收获季节的到来。

肯尼思・J.格根
美国斯沃斯莫尔学院资深教授
陶斯研究院院长

Editors' Preface　　　　译丛总序Ⅱ

当前中国社会普遍存在的心理问题，一是心态不够积极，二是追求功利主义。一方面，各行各业的人，无论从事什么工作，大多缺乏由衷的热情，萎靡不振，因此缺少创新。在学校里，学生学习不是出于兴趣，教师教学也不是因为喜欢这个职业，大部分行政管理和后勤人员满足于维持现状。在组织中，同样很少有人把工作当成实现自我价值的手段。多数时候，人们缺乏幸福感，体验不到生活的乐趣和生命的意义。另一方面，对于很多人而言，生活中最重要的目标是追求个人名利，尤其是经济利益。当每个人都在为一己私利去拼、去抢、去战斗的时候，整个社会表现出来的便是人与人之间界限分明，缺少温情、善意、信任与友爱。家庭不稳定，医患关系紧张，经济和商业领域充斥着大量欺诈，老百姓热衷于将落马官员当成茶余饭后的谈资与消遣，等等。所有这些社会心理现象，都与欧洲文艺复兴和启蒙运动以来占主导地位的个体理性主义哲学,以及以此为典型特征的现代主义文化,存在深层次的因果关系。

作为一个有着悠久历史和古老文明的民族,我们的老祖宗倡导"人法地,地法天,天法道,道法自然",这当中蕴含着丰富的"天人合一"的系统论和生态学思想。然而,这些如今在西方被视为最先进的理念,在国内,其价值并未受到应有的重视。相反,自清朝末年开始的西学东渐,使得西方个体主义哲学不断移入,冲击了我们的传统文化,几乎成为社会主要的意识形态,这实在是令人遗憾的事。

1949年以后,中国以马克思主义为哲学宗旨,以建设社会主义强国为发展目标。集体主义作为社会主流价值,与西方个体主义的价值观形成对立。与个体主义相比,集体主义确实具有很多优势。时至今日,中国社会依靠集体力量创造了许许多多的壮举,为全世界瞩目。但是,集体主义就其本质而言,不过是放大了的个体主义,仍旧存在很多弊端。各种小集团的利益、地方保护主义以及形形色色的群体和组织之间的竞争,破坏了组织内部和个体之间的团结,进而使得整个社会失去和谐与稳定,并最终失去活力。

社会建构论虽不能说是解决这些社会和心理问题唯一的理论纲领和实践模式，但至少为这些问题的解决提供了一套切实可行的理论框架和实践策略。作为一种看待世界和我们自己的全新方式，社会建构论既是一种理念，也是一种行动；既是一种思维方式，也是一种生活和行为方式。以1985年格根（Kenneth J. Gergen）先生发表《现代心理学中的社会建构论运动》一文作为社会建构论正式创立的时间，经过30年的发展，社会建构论已经由最初着力于批判或解构，发展到后来的进一步建构；由对理论、方法的研究发展到具体的实践，对于人的健康自我的重建、人际纠纷的解决、学校教育与各类组织的管理、各项社会政策的制定乃至国际政治关系的处理等，形成了一整套较为成熟的思想、理论、方法和实践体系。这套体系对于解决我国当前普遍存在的各类社会和心理问题，具有重要的应用或工具价值。

"社会建构论译丛"缘起于2011年夏天我对格根夫妇的访问。那段时间，我正在美国田纳西州范德堡大学做访问学者，由于长期研究社会建构论，与格根先生有过一些书信往来，他因此邀请我去斯沃斯莫尔他的家里做客，并最终于当年的8月17日至21日成行。访问期间,我向格根先生请教了有关社会建构论的诸多问题,也向他介绍了社会建构论在中国的发展情况。那次访谈的部分内容以英文发表在《心理学研究》(*Psychological Studies*)2012年第57卷,中文发表于《教育研究与实验》2012年第4期。正是在那次访问期间,我和格根先生达成共识,鉴于中国当前社会变革与发展过程中存在的诸多问题,有必要将社会建构论在中国的推广作为一项长期的事业。格根先生代表国际社会建构论研究中心陶斯研究院表示,对于我们在中国的事业给予无条件的支持和帮助,包括成立中国社会建构论研究中心,筹备社会建构论的中文网站,与有着同样志趣的学校、组织和机构开展合作,等等。与上海教育出版社合作的这套译丛,便是社会建构论在中国推广项目的一部分。

从格根先生最早于1973年发表《作为历史的社会心理学》,即社会建构论思想萌芽开始到现在,经过40多年的努力,社会建构论已经发展成为包括系统化的原理、多样化的方法和多领域的实践在内的不断丰富和完善的理论和应用体系。这套译丛意图全面反映社会建构论在理论、方法和实践三个层面的发展。入选书目都是社会建构论领域最新、最有价值、最具代表性的经典著作。其中,《社会建构:进入对话》《社会建构的邀请(第三版)》《关系性存在:超越自我与共同体》《赞美他者:人性的对话理论》和《性别与疾病的社会建构》主要介绍社会建构论的理论基础,《叙事分析:个体在社会中的发展研究》和《话语心理学》属于方法系列,《欣赏型探究:一种建设合作能力的积极方式》《映射对话:社会变革的重要工具》和《社会建构与社会工作实践:解释与创新》则反映了社会建构论在人际交往、组织管理、社会工作等实践领域的应用。

"社会建构论译丛"的所有入选书目均由格根先生亲自挑选并最终确定,他还在丛书翻译的过程中亲自担任学术和专业顾问。我负责这套丛书的策划、申请、组织和项目实施。参与丛书翻译的译者都是我多年的好友,也是对社会建构论有着长期研究和浓厚兴趣的学者和教授。他们既是社会建构论领域的研究者,也是积极的实践者和热情的推广者。在当下名利观念甚嚣尘上,而学术评价制度十分不利于译著出版的背景下,完成一部学术著作的翻译需要作出很大的牺牲。作为译丛主编,我对他们深表敬意,感谢他们为这套译丛作出的贡献。我还要向上海教育出版社袁彬副总编、心理学编辑室全体编辑以及其他工作人员表达谢意,他们为这套译丛的出版付出了很多心思和不懈的努力。

　　社会变革是包括制度与文化、教育与管理、人的思想观念与行为习惯在内的系统变革。社会心态由萎靡不振到积极向上，整个社会由危机四伏到稳定团结，需要经过长期不懈的积极建构，而我们都是这一过程的见证人和参与者。与其被动地"反映现实"或顺应"客观规律"，为所谓的"事实"或"规律"所蒙蔽和奴役，不如主动参与建构某种我们想要的"事实"，创造真正能够为人类和社会带来福祉的"规律"。人类社会的未来不仅取决于我们对于未来的某种理想，更取决于我们每个人以什么样的方式参与对这种理想的建构。社会建构论不仅积极倡导相互理解、对话与共同创造的价值和理念，更为如何相互理解、如何参与对话、如何共同创造提供了系统的方法和行为指导。我和格根先生同样相信并期待，这套译丛的出版能对中国当前社会的变革和发展起到切实的推进作用。

杨莉萍
2016年1月于南京随园

Contents　　　　　　　　目录

第一章　话说社会建构　　　　　　　　　　1

　　基本观点：我们建构了世界　　　　　　3

　　从语言游戏到可能的世界　　　　　　10

　　　　语言：从图画到实践　　　　　　10

　　　　语言游戏与属人世界的局限性　　12

　　　　追求真实　　　　　　　　　　　13

　　　　激进多元主义　　　　　　　　　16

　　　　科学 vs.宗教？　　　　　　　　19

　　本章小结　　　　　　　　　　　　　21

第二章　从批判到重构　　　　　　　　　22

　　解构与超越　　　　　　　　　　　　23

　　从个体到关系　　　　　　　　　　　27

　　意义与协调行动　　　　　　　　　　29

　　关系性自我　　　　　　　　　　　　33

　　对心理的关系性重构　　　　　　　　36

本章小结 　　　　　　　　　　　　　　　　　　　　44

第三章　社会建构与专业实践 　　　　　　　　　　45
　　社会建构与治疗变革 　　　　　　　　　　　　46
　　　　叙事治疗：重述生活 　　　　　　　　　　46
　　　　短期和焦点解决治疗：语词魔法 　　　　　48
　　　　后现代治疗与"不知"预设 　　　　　　　　49
　　社会建构与组织效能 　　　　　　　　　　　　51
　　　　从个体到关系型领导 　　　　　　　　　　52
　　　　欣赏型探究：促进组织变革 　　　　　　　56
　　社会建构与课堂教学 　　　　　　　　　　　　59
　　　　批判教育学及其超越 　　　　　　　　　　59
　　　　合作学习 　　　　　　　　　　　　　　　62
　　社会建构与冲突解决 　　　　　　　　　　　　65
　　　　公共对话项目 　　　　　　　　　　　　　67
　　本章小结 　　　　　　　　　　　　　　　　　69

第四章　学术研究作为建构实践 　　　　　　　　70
　　重构知识实践 　　　　　　　　　　　　　　　70
　　　　打破学科边界 　　　　　　　　　　　　　71
　　　　探询效用与价值 　　　　　　　　　　　　73
　　　　鼓励多元方法 　　　　　　　　　　　　　74
　　　　表达方式的丰富 　　　　　　　　　　　　75

社会研究方法的兴盛	80
叙述自我	80
话语研究	82
生活世界：民族志探索	85
建构新的世界：行动研究	88
行动研究在实践	90
本章小结	92
第五章　从批判到合作	**93**
从虚无主义到被丰富的现实	94
超越实在论：身体、心灵和权力	97
超越道德相对论	102
本章小结	105
相关资源	**107**

第一章

话说社会建构

人的观念世界正在经历一场戏剧性的变革,到处都是对传统的批评。关于真理、客观、理性、进步、道德的普适性和权威性标准日益受到质疑。人们的信念不断经受考验,不安全感随时会来敲击心门。在如此躁动、喧哗的情境中,新的对话应运而生,关于人类存在的希冀之门应声开启。这些对话跨越地域和文化,伴随着全新的、丰富的专业实践——广泛运用于组织、教育、医疗、社会研究、社会工作、咨询服务、冲突解决、社区发展等领域。

这场变革的理论与实践被冠以多种称谓,如后基础主义(post-foundationalism)、后经验主义(post-empiricism)、后启蒙运动(post-Enlightment)、后现代主义(postmodernism),等等。

社会建构：进入对话
Social Construction: Entering the Dialogue

然而，贯穿这些讨论始终的是社会建构的理念，即意义是在我们的协作活动中被创造的。社会建构的观点并不从属于任何个人或团体，它本身也不是独立或统一的，而是跨共同体共享的。面对批评和质疑，建构论者很少感到紧张或不安，因为建立终极真理，生成一种基本逻辑、一套价值观念或权威实践，从一开始就与社会建构论的主旨相悖。

本书作者职业生涯的大部分时间致力于有关社会建构的对话。写作本书的目的是为学生、同仁和实践者以及那些仅仅出于好奇想了解社会建构论的读者提供一份说明，以便他们能够理解并欣赏社会建构论的魅力。在本书前两章，我们将首先概述社会建构论最重要的理论发展，随后转向介绍这种思想对我们生活和工作的影响。我们将关注组织、心理治疗、教育、冲突解决、社会研究和日常生活中建构论观点的应用。最后，我们将回应对建构论①最为常见的一些批评。

---

① "建构主义"(constructivism)与"建构论"(constructionism)这两个词通常可以混用。建构主义将对世界的建构内置于个体心灵或者内心。虽然这一运动与社会建构论之间存在某些共通性，但是，我们倾向于使用后面一个词——"建构论"，以强调对世界的建构发生在关系中，而不是个体内部。

第一章
话说社会建构

基本观点：我们建构了世界

社会建构论基于"我们建构了世界"这一基本观点，这一基本观点看上去既简单又直白。然而，一旦我们开始探究它的内涵和影响，这种简明性便立刻土崩瓦解。这一基本观点要求我们重新思考已知的关于世界和自我的每一个方面。带着这种反思，我们被邀请参与一系列全新的、令人兴奋的行动。

为了理解这种可能性，我们先以常识来看这个世界。还有什么比世界就在我们眼前供我们观察和了解更为简明的事实呢？这里有树木、高楼、汽车、女人、男人、猫、狗等种种事物。如果我们观察得足够仔细和深入，就能学会如何拯救森林，如何建造牢固的房屋，如何提高儿童的健康水平，等等。现在，我们开始从反面来检验人们深信不疑的这些假设。

假如我们说，根本就不存在树木、建筑、汽车、女人、男人、猫、狗……除非我们大家一致认可这些东西存在，对此你会怎么想？我们猜你可能会说："简直太荒谬了！看看我们周围，所有这些东西在你到来之前早就在那里了。"这样回答看起来很合理。但是，让我们带上才1岁的小姑娘朱莉（Julie）出去走一走。

社会建构：进入对话
Social Construction: Entering the Dialogue

她的目光掠过树木、高楼、汽车，但她根本没有注意到这些，她似乎也分不清男人和女人。詹姆斯（William James）曾经说过，儿童眼里的世界是"嘈杂、混乱的，充斥着轰隆隆的声音"。不论你是否同意他的观点，小朱莉眼中的世界与我们这些成年人的世界肯定是不同的。作为成年人，我们会注意到秋天的树叶由绿变黄；右侧街道的房屋是维多利亚时代的建筑；街上那辆车是"宝马"；还有，站在门边的那个女人是一个异装癖者。进入我们视网膜的刺激与小朱莉的眼睛获得的信息并无二致，但是这个世界对我们和她来说具有不同的意义。也就是说，我们和小朱莉以不同的方式建构世界。这种不同根植于我们的社会关系。正是在这些社会关系中，世界呈现出它所是的模样。

不同视角的你

让我们将你——读者，作为我们的研究对象。你是谁？或者，你是什么？设想你站在一群来自不同行业、不同种族的人面前，他们每个人都在观察你，然后说出他们观察到的结果，那么情况很可能会是这样：

对＿＿来说：	你(是)：
生物学家	一个哺乳动物

第一章
话说社会建构

理发师	留着过时的发型
教师	未来的希望
同性恋	直人（或异性恋者）
基督徒	一个罪人
父母	出乎意料的成功
艺术家	一个不错的模特
心理学家	有点轻微的神经质
物理学家	一个原子构成物
银行家	一个未来的客户
医生	一位疑病症患者
印度教徒	一个不完美的灵魂
爱人	一个非常好的人
伊法鲁克人	情绪饱满的人

假如他们当中根本没有人能够识别你，那么你会是什么？你还会是某种东西吗？

社会建构论的基本观点看似简单，却意义深远。一切被我们认为真实的东西都来自社会的建构。或者，更夸张一点说，没有东西是真实的，除非人们认可它是真实的（Nothing is real unless people agree that it is）。

社会建构：进入对话
Social Construction: Entering the Dialogue

11 你可能提出质疑："你是说死亡不是真的？"或者"身体、太阳、椅子等事物都不是真的？"我们必须澄清一点，社会建构论者从未说"什么东西都不存在"，或者"并不存在真实"，它强调的重点是，在任何时候，人们对"事实"的定义都是基于某种文化传统而言的。诚然，在某些人看来，一些事情发生了，而描述这些事件总要从某种特殊的文化立场出发——以特定的语言，通过某些视觉传媒或口头语言进行描述。

例如，我们说："他的父亲去世了。"这样说通常是基于生物学的立场。我们是通过身体机能的终结来建构这一事件。（然而对于死亡，即便是医学专家也可能存在不同的定义，如器官移植外科医生的观点与家庭医生的观点可能不太一样。）依照其他传统，我们也可以说"他去了天堂""他将永远活在家人的心中""他开始进入新的生命轮回""他终于卸下了重担""他在自己的作品中获得永生""他的生命在三个孩子身上得到延续"或"这个对象的原子成分发生了改变"。在这些约定俗成的看法之外，这件事又意味着什么呢？对小朱莉来说，她可能根本注意不到这件事。对建构论者而言，并不是说"什么都不存在"，而是"对我们来讲没有意义"。换句话说，正是出于我们的关系，这个世界才充满了我们所谓的"树木""太阳""身体""椅子"等各种事物。

广义上讲,可以说,我们是在相互交流的过程中构建了我们生活于其中的世界。如果我们一直保持熟悉的传统,那么生活将会一如既往地过下去。只要我们坚持各种习惯化的区分方式,如男人与女人、富有与贫穷、受过教育的人与未受教育的人,生活就是相对可以预期的。然而,所有我们认为理所当然的事物都有可能在某些时候受到质疑。譬如,"问题"并不存在于所有人都能看得见的世界,而是我们建构了"好的"和"坏的"两种世界,将那些阻碍我们达成有价值目标的事件视为"问题"。为什么被我们建构出来的那些"问题"不能重构成"机会"呢?同样道理,通过共同讨论,我们也许能够建构出一个全新的世界。例如,我们也许可以建构出一个存在三种性别的世界,一个"精神病患者"都是"英雄"的世界,或者一个"组织的力量来自关系而不是领导者个人"的世界。

正是在这一点上,你开始理解建构论观点所具有的巨大潜能。对建构论者而言,我们的行为不受任何传统意义上的所谓真实、理性或正确的限制。展现在我们面前的是无限的可能性,是无休止的对创新的邀请。这并不是说,我们应该放弃所有的

社会建构：进入对话
Social Construction: Entering the Dialogue

真实与美好，绝对不是这样；而是说，我们不应该囿于历史或传统的束缚。当我们一起讨论，一起聆听新的观点，一起提出新的问题，一起思考不同的隐喻，一起在理性的边缘探索时，我们便越过了起点，进入一个新的意义世界。未来是我们的，是我们共同创造的。

> **积极老龄化：一个案例研究**
>
> 通常，我们将老龄化视作一种衰老的过程。以常识来理解，童年期是发展的时期，我们在成年期变得成熟，而到了老年期，就开始走下坡路了。反思这种司空见惯的建构——我们的成年生活总是伴随着对衰老的恐惧，因此执着地四处寻找能够"保持青春不老"或至少让自己"看起来更年轻"的灵丹妙药。变老实在是不好。但是，对许多人来说，这种"走下坡路"的观念很可能会自我实现。因为"我越来越老了，需要减少活动、锻炼和兴趣"，而这样做的结果，便是身体日渐衰弱，对生活的热情也随之减退。
>
> 倘若老龄化是一种社会建构，我们为何要接受这种消极的理解呢？有没有一种方式，让我们将老龄化看作一种积极的过程，一个成长、丰富、发展的阶段？为了验证这一

可能性,我们两人创立了一份电子通讯——《积极老龄化》(*Positive Aging*)。在这份电子通讯中,我们收集了来自科学研究和其他领域的多种资料,这些资料强调老龄化的积极潜能。世界各地的读者读到这些资料都很高兴。其中一位读者告诉我们说:"《积极老龄化》让我保持希望,即自己可以一直充实地生活下去。"

与那些对积极老龄化问题感兴趣的人共同完成的工作坊带给我们很多启发。在工作坊中,我们尝试引导各小组成员积极重构诸如"生理退化""慢性疾病缠身""身材失去吸引力""失去爱人"等那些令人伤心生畏的事情。总的来说,这些小组极具创造力。它们向我们展示了一系列的建构,例如,慢性病其实也为自己提供了一个机会,去理解和感恩家人的重要性,学会耐心与容忍,摒弃骄傲,花时间去学习、探索和创造新的活动方式(如建立家庭网站,创建支持性团体,学会新的技能,甚至学着写诗)。这些实践告诉我们,我们完全可以一起创造出新的老龄化现实。

14 从语言游戏到可能的世界

社会建构论的基本观点既简单,又具有挑战性。探索建构论思想更为广阔的外延,可以呈现更多维度。我们从对语言的关注出发。但是,很快你就会发现,这种关注会迅速扩展至文化生活的所有形式。

语言:从图画到实践

就现有知识而言,我们一直都将语言视为对现实事件的图示。当科学家向我们讲解这个世界时,我们希望他们使用的语词能够尽可能准确地描绘科学的观察发现。同样道理,我们重视那些能够准确描述事件经过的新闻报道。这一切看起来理所当然。但不妨再思考一下,以对事物的命名为例,我们有弗兰克(Frank)、萨莉(Sally)、本(Ben)和肖恩(Shawn)这些人名。这些个体在出生时是没有名字的,是父母给他们取了名字。这么看来,人叫什么名字是带有随意性的。如果不是因为家庭传统,弗兰克或许会叫本、罗伯特(Robert)、唐纳德(Donald)或其他任何名字。但是,他们为什么被取了自己那个名字呢?首先是实用。譬如,父母想要聊一聊萨莉的生活:她吃得够不够?尿布要不要换？她的哥哥弗兰克有没有嫉妒她？实际上，父母需要这些名字来实现"家长"的作为。再往后，他们还需要借助孩子的名字来实现其他效用，如送孩子去上学或询问他为什么这么迟才出门。从更广泛的意义上说，我们使用的语词——正如我们被给予的名字——是被用来实现交流、沟通的。语词不是映射世界的图画，而是某种实践行动。

理解"停车""危险""把球扔给我"这一类语汇很容易。你可以从中看到，我们日常使用的名词如何发挥社会作用。然而，在新闻报道和科学研究当中，或者当你向某人陈述自己一天的生活时，这种作用就变得不那么明显了。在这些语境中，语词的功能类似于图示，它的准确性似乎可以被检验。然而，回头想一想，**某一种描述是否"准确"，取决于共同体的传统**。回顾前一节所举的例子"不同视角的你"，可见每一种传统都有自己的判断标准。因此，在法庭审判中要判断一个目击者的陈述是否属实，取决于目击者是否以与我们相同的方式使用语言。那些"开发商"是在创造新的居住空间，还是在破坏自然环境，取决于人们对"开发"的理解。从这种意义上说，"说出事实"意味着要以符合共同体传统的方式讲话。

社会建构：进入对话
Social Construction: Entering the Dialogue

语言游戏与属人世界的局限性

著名哲学家维特根斯坦（Ludwig Wittgenstein）创造了语言游戏的隐喻，并通过这一隐喻揭示我们使用的语词是如何植根于某些规则系统或惯例、习俗的。这一点通过语法比较容易看出。语法规则不允许我们说"她去进海滩里面"（"she go in beach"），或者"球打了他"（"ball hit he"）。所有文化中都存在许多不同的语言游戏，即用来描述和解释某种事物的约定俗成的惯习。一旦你参与当地的传统，你的言语自由便受到很大限制。例如，在"不同视角的你"那个例子中，每一组人群依赖不同的语言游戏。生物学家沉浸于与物理学家、银行家或牧师不同的语言游戏中。当他们描述你时，他们各自遵循不同的语言游戏规则，每一种描述在自己的游戏内部都能得到很好的理解。但是，进入任何其他文化或者受不同规则支配的游戏都是危险的。你不能向一位生物学家请教青蛙的灵魂，或者向一名理发师询问一根卷发的原子成分，否则，你很可能会被对方怀疑精神有问题。

然而，我们的目的并不是讨论语言规则。语词通常被植入我们的活动之中——行为方式、着装风格、携带的物品，以及我

第一章
话说社会建构

们使用这些物品做什么等。譬如,在象棋游戏中,我们会说"卒""车""将军"等。然而,如果你在街上散步时突然大吼一声"将军!",路人很可能会对你侧目而视。这说明,"将军"只在人们使用特定对象从事特定活动(下象棋)时才讲得通。这也意味着,我们使用语词告知人们应该采取何种行动。若我们指着某个东西并称它"椅子",你可能会觉得可以随意坐下;若我们称它是"珍贵的古董",你肯定会坐到别处。于是,作为社会建构论者,我们需要双重倾听:对内容(content)的倾听和对结果(consequence)的倾听。

用维特根斯坦的话说,我们的语言游戏植根于更为广泛的活动形式,即他所谓的**生活方式**(forms of life)。实际上,生物学家、理发师、银行家各自参与不同的生活方式。语词的作用在于帮助他们维持这些生活方式的不同,反过来,生活方式又赋予这些语词不同的意义。与此同时,这些生活方式也为我们划定了可抵达世界的远端边界。

追求真实

我们都知道事实与价值之间的区别。我们知道,事实是硬性的东西,是对证据的陈述——它客观而且公正,不被任何欲

社会建构：进入对话
Social Construction: Entering the Dialogue

望、政治、宗教左右。相反，我们也知道，价值是软性的、主观的，它没有任何坚实的基础，只能代表个人意见。我们应当认同事实，但每个人都有权享有自己的价值观念。**对于这种长期存在的事实与价值的分离，社会建构论提出了挑战。**

为了理解这一观点，让我们来看看 2003 年描述伊拉克萨达姆·侯赛因 (Saddam Hussein) 政权瓦解事件的三个新闻标题：

● 美军在巴格达大获全胜（U. S. Troops Victorious in Baghdad）

● 美帝国声称赢得伊拉克战争的胜利（The American Empire Claims Victory in Iraq）

● 美军占领巴格达，伊军藏身匿迹（Iraqi Forces in Hiding as Americans Occupy Baghdad）

这三个标题都是描述发生在伊拉克的事情，但它们的立场非常不同。第一个标题来自一家美国报纸，仅仅将美国作为胜利者。这是一种自满心态。第二个标题反映了巴西一家报纸的观点，以一种讽刺的口吻嘲讽美国为"帝国"，指出胜利仅仅是"美帝国"自己"声称"，最终如何似乎还有待考证。最后一个标题则反映了阿拉伯国家的观点，在它们眼里，所谓的"胜利"仅仅是暂时的"占领"：伊拉克军队已藏身于平民，等待时机东山再起。这些报道指向同一事件，但对"事实"的描述明显取决于写作者所处的立场或传统。每一种传统都拥有自身的价值判断，所有关于事实的描述都隐含着某些价值传统——好或者不好。在这种意义上，并不存在价值中立的描述。

你也许会反驳："自然科学描述的事实总归是价值中立的吧？"我们不妨再次考证一下。为什么我们接受医学能够"治愈"疾病这一事实，认为它不带任何偏见呢？这在很大程度上是因为，病人的身体在医生的帮助下发生了变化，我们将某种价值赋予这种变化。这种价值通过"治愈"一词体现出来。但是，如果有人以"干扰自然过程"来评价同样的专业行为，我们就会认为那是一种偏见。同样，如果你将世界缩减到只有物理、化学、生物学使用的语言，那么"道德行为"这一说法将不复存在。假设你坚持只用科学术语进行交谈，那么在广岛、长崎投掷原子弹就不是"谋杀"，在集中营拿被监禁者做生化实验也就无关"道德"。这些语词与科学毫不相干。同样，军事力量可以入侵一个国家，却轻描淡写地将无辜被杀的数以千万计的平民生命称作"附带损害"。自然科学拥有自己的价值理念，它以各种方式分析数据,以获得可预见、可控制的结果,它们的话语与这些目标紧密相连。如果人们仅仅维持某种既定传统,那么其他的价值传统要么不相干,要么遭受压制。

激进多元主义

多数人愿意接受这种观点,即我们对事物的各种分类都是社会的建构。我们也知道,关于是什么构成了"公平""道德"或"爱"的争论从未停止过。然而,一旦进入物质世界(即前语言的、可以被直接观察的世界),很多人就会反对社会建构论的观点。"月亮是由蓝色芝士或其他东西构成的"这句话是对还是错?回答"对"的人该是有多么愚蠢!地球是圆的,新英格兰(New England)季节分明,这些难道不同样是显而易见的吗?但是不妨想一下:如果我们认为的真实来源于某种集体共识,那么我们断言的真理一定也存在于这些关系之中。换言之,真理仅仅存在于共同体内部。在共同体之外,只有缄默或沉寂。从这种意义上看,社会建构论者不相信普适性真理,即大写的"T"开头的那种真理(Truth),后者有时也被称为"先验真理"(Transcendental Truth)。

当然,还存在另外一种以小写字母"t"开头的真理(truth),

第一章
话说社会建构

这种真理来自团体内部共享的生活方式。有时，团体的规模可能很大。例如，在一个大家都认为"2＋2＝4"的团体中，如果一个孩子说"2＋2＝3"，很快就会有人出来纠正错误。然而，数学家会告诉我们，"4"只在十进制的数学系统内才是正确答案。将人分为男性和女性，是被人们普遍接受的性别划分，然而，有些文化在男性与女性之间还建构了第三种性别。种族的概念同样是从某些共同体内部发展出来的。在一些文化中，阶级或种姓制度将人们划分为高低不同的社会阶层。那么，让我们再回到"月亮是否由蓝色芝士或其他东西构成"这个问题上来，问题的答案取决于我们参与的共同体。在诗歌的框架内，我们甚至可以说，月亮是古老的女神——戴安娜（Diana）。

真理产生于共同体内部这一观点非常重要。众所周知，一切对真实的建构都存在于生活方式中，而所有的生活方式都负载着价值。这意味着任何对真理的宣称都不可避免地与某种价值传统"联姻"。因此，在一个由火箭科学家组成的共同体中，知道"火箭即将进入某个确定的轨道"这一判断是真还是假非常重要，其中承载着让火箭安全抵达目的地的价值导向。精神病学

社会建构：进入对话
Social Construction: Entering the Dialogue

家试图了解有关精神疾病的原理，这种探究与他们赋予正常生活方式的价值密切相关。

但是，当某种地方性真理（local truth）被当作先验真理（Transcendental Truth）；当一个共同体认为世界是由大爆炸形成的，而另一个共同体认为世界是由伟大的上帝创造的时；当一些人视同性恋为不道德行为，而另一些人认为是正常的人类行为时；或者，当一些人认为所有行为都是被决定的，而另一些人认为人类拥有自由意志时，我们的麻烦和困扰便出现了。正如大部分对知识的宣称，局部的谦逊被普遍的傲慢取代。

社会建构论将我们从试图决定什么样的传统、价值、宗教、政治意识形态、道德才是最终的先验性真理这项艰巨的任务中解放出来。从建构论的视角来看，任何一种传统、价值或宗教等都有可能对某一人群具有合理性。建构论的观点邀请一种激进的多元主义，即对多元化的命名和价值评估方式持开放的心态。因为，宣扬自身传统的优越性毫无基础，人们需要以好奇心和充分的尊重面对其他人。那么，其他传统提供的而我们自己的传统中没有的是什么呢？我们又能与他人分享哪些对他们而言可能有意义的传统呢？

这种多元论的观点作为一种抽象的概念不难被接受，但在喧嚣的日常生活中，当我们面对当今世界盛行的各种偏见、压迫、不公和暴行，很少有人能够保持冷静。然而，对建构论者来说，试图消灭我们鄙视的事物是一种错误倾向。那是"大写的真理"（Truth）在起作用。相反，建构论者更愿意支持新的现实和价值得以从中产生的对话形式。这里的任务并不是要寻找某种"最佳方式"，而是创造各种关系，在其中我们可以共同创造美好的未来。在第三章，我们会进一步讨论这些关系。

科学 vs.宗教？

大多数科学家相信，有一个独立于人的意志之外的真实物质世界存在。人们可以通过系统的测量工具（望远镜、显微镜等）探索世界，并有可能通过符号系统（包括语言和数学公式等）准确地描述这个世界。科学家通常认为，借助科学的手段，他们会越来越接近世界的本来面目。从消灭可致人死命的病毒，到对原子能的利用，科学进步带来的巨大成就使许多人相信，科学拥有揭示大写真理（Truth）的力量。

建构论从未贬低人类的科学事业，但是挑战了科学能够揭示先验真理（Truth）的观点。科学的成就并不足以证明任何这

社会建构：进入对话
Social Construction: Entering the Dialogue

一类论断。正如有效的治疗实践并不能证明用于描述或解释这种实践的语句都是真的。这一点很重要。因为数百年以来，关于科学真理的宣称一直被用来败坏宗教或精神传统的声誉。在各种力量的角逐中，科学成了动因，帮助社会通过曲解和强取豪夺，对宗教团体实施控制。人们普遍认为，科学追求真理，而宗教和精神传统是基于幻想或神话。

建构论提供了一种全新的视角来看待这种对抗：科学传统和宗教/精神传统是两种不同的建构世界的方式，它们各自秉承特定的价值，并倡导某种特定的生活方式。宗教/精神传统与科学传统之间不存在直接的可比性。因为任何这一类衡量都只能在由某种传统建构的现实范围内进行。我们不能用科学的手段去测量精神的真理，正如我们也无法通过精神的敏感性来评价科学真理一样。同样，这两种传统都以各自的方式创造了巨大的成就——例如，前文有关火箭登陆月球和原子能的案例，以及后文将提到的人文关怀机构和道德良善。两种传统都不可能以自己的术语创造出对方为人类社会提供的成果。建构论要求我们消除科学与宗教传统之间的对立，站在双方立场上，从多方面探索两者可能带来的积极和消极后果。

本章小结

我们可以将社会建构论理解为有关"那些被我们认为理所当然的现实、理性、真实与美好从何而来"的一场持续性对话。它们在生活中具有重要意义。你可以将建构论想象成一把大伞,各种不同的意义和行为传统处于它的荫庇之下。这把大伞允许我们超越传统,学会欣赏、评价、吸收、融合和再创造。与此同时,这把大伞也为建构论自身提供了容身之地。一切意义与行为,包括建构论本身,都必须避免对先验真理的宣称。我们写下这些文字,也是在尝试着与您——读者共同建构意义。重要的问题不在于我们使用的语词是否客观、真实,而在于当我们进入社会建构论这一理解模式,生活将会发生怎样的改变?正如我们所希望的,有许多新的、通往未来的幸福之路展现在我们面前。

第二章
从批判到重构

社会建构论的最大魅力在于它鼓励人们不断创新。真理(Truth)的追寻者们试图将世界简化为某种单一的、固定不变的语词序列。对先验真理的宣称是对语言的封冻,因而减少了从中产生新意义的可能性。相比之下,建构论者提倡开放式对话,在其中,永远会为新的声音、不同观点、新的愿景、新的重构,以及关系的扩展和深化提供足够的空间。本章我们将介绍建构论对话的几个重要发展。首先是建构论在批判性反思方面的贡献,这部分讨论帮助我们理解建构论对西方个人主义传统的彻底动摇。正如我们发现,建构论主张以关系(relationship)取代个体(individual)作为意义产生的根源。最后(也是更鼓舞人心的部分),我们将探讨最近几年围绕对自我概念的重构作出的尝试。

解构与超越

随着建构论观点的广泛传播，人们对日常生活的批判性反思也越来越深入。为什么会这样呢？因为一旦我们意识到任何对事物本质的宣称——无论演讲者如何有地位、有成就，或多么具有显而易见的天赋，那也只是看待事物的"一种"方式，我们会立刻意识到，事情也可能是其他样子。每一种建构世界的方式都秉承特定的传统——负载着它们特殊的价值观念——与此同时，那些未被纳入该传统的其他价值则被忽视。我们因此开始好奇：是谁的传统受到尊崇或如此不容置疑？又是谁的声音受到压制或被噤声？我们开始质问：新闻报道、政治演说或科学著作建构的是一个什么样的世界？哪些人从中受益？谁又被边缘化？我们是否必须接受这种建构世界的方式？它们将为我们创造怎样的未来？这种对批判的敏感性在西方文化中越来越普遍。人们对电视节目如何建构不同群体（如非裔美国人、女性、意大利人、老年人等）的方式变得越来越敏感，各种媒体宣传也使得我们对政客们"编造事实"的方式，以

社会建构：进入对话
Social Construction: Entering the Dialogue

及政治意识形态如何被微妙地植入新闻报道有了更多的了解和认识。父母们普遍关注电视节目灌输给孩子的消费观。所有这些考虑都反映出对他人建构的世界的一种批判立场。从这个视角看，建构论直接反映或代表了我们这个时代某种带有普遍性的心理敏感。

在学术领域，这种批判导向已经发展得异常尖锐，这在女权主义者的著作中尤为突出。女权主义者早期的贡献让我们意识到"人类"（mankind）、"警察"（policeman）、"主席"（chairman）这些（英文）语词中隐含的微妙性别偏见，很多女权主义者质疑为什么上帝被描述为男性。如今，很多其他团体加入女权主义者的队伍，他们感受到主流文化的强烈专制，后者几乎压垮他们的生活方式。这类批判性著作大部分来自非裔美国人研究、亚洲人研究、"酷儿"研究、文化研究等领域。我们在下一章将讨论"批判性教育"运动的具体工作。

谁更有力量：精子还是卵子？

一个体现女权主义批判的最强有力的案例来自马丁

第二章
从批判到重构

(Emily Martin)对医学教科书如何描述人类受精过程的研究。她指出,最为流行的描述方式往往是从一个童话故事开始。众多活跃的精子冲破重重险阻,攻入城堡,最后胜利者(作为童话故事中的英雄人物)与卵子公主结合在一起。与此同时,公主一直在被动地等待着那位勇敢的幸运者或最终的赢家。受精是英雄成功征服公主的结果。正如马丁指出,这种对受精过程的生物学描述为主张男性是强大活跃的而女性是被动无助的这一长期的文化传统赋予了科学的权威。

当然,如果观看受精过程的录像,我们确实会看到活跃的精子钻进被动的卵子。然而,事实真如我们所见吗?马丁问道:如果我们把故事情节修改为迷人的卵子引诱无助、倒霉的精子进入她的巢穴,又会怎样呢?当卵子把精子们引诱到身边时,她选择其中一个,毁掉其他的精子。这样一来,卵子便成为占据支配地位的力量,我们对所观看的录像的理解也就相应地发生了改变。

诚然,第二个故事并不比第一个故事更加真实或更加具有政治上的合理性!它们是对已发生事件的两种叙事建构。但是,其中的科学内涵是完全不同的。在医学人类学家马丁看来,意识到诠释的政治性对我们来说尤其重要,而且结果同样有利于生物学的发展。在传统对不孕不育的研究中,焦点主要集中在精子的移动与生命力上。通过采纳

社会建构：进入对话
Social Construction: Entering the Dialogue

> 第二个故事——卵子作为主动的诱惑者——研究的焦点转向了卵子的特征和精子游动的通道上。然而，这两个故事都具有局限性。是否还有其他的叙述或隐喻更有助于强化我们对人类生育的理解呢？

这种批判性探索对社会民主的发展十分重要。它挫败了任何企图用自身对真实和美好的独有建构来主导或压制其他人的团体，增加了社会中的"制衡作用"，以保证全员参与。譬如，鉴于所有主流报纸都从某个特定的角度来报道新闻这一现实，极少数的独立报刊、几百家网站和论坛增加了公众发表意见的可能性。除了促进民主，很多人将这类批判性工作视为一种解放。只有当人们认识到包含在那些"理所当然的"事物中的局限性和偏见，人们才有可能考虑其他选择。

尽管对一个社会的公正而言，批判性刺激是必要的，但它同时也是危险的。评论家对口头或书面表达的合理性提出质疑。如果被批评的对象是你，那么你可能被认为是有偏见的、自私自利的、压迫或剥削他人的。毫不奇怪，你会对这种批判表现出愤怒并进行反击。批评者和被批评者都会认为自己的

上海教育出版社
心理学出版中心

2023 春季心理学学术图书

传播学术精华，启迪心灵智慧

上海教育出版社心理学出版中心秉持"传播学术精华，启迪心灵智慧"的出版理念，聚焦心理学理论研究前沿和实际应用成果，打造心理学图书出版品牌"心空间"，在学术著作、高校教材、大众心理等板块出版了一大批高质量的心理学专业图书，在国内具有重要的影响力，受到读者广泛好评。

扫码购书

扫码关注

购书方式：全国各大书城、网店均有售
团购电话：17717541990

弗洛伊德主义新论（三卷本）

车文博 郭本禹 总主编 / 常若松 郭本禹 郭永玉 分册主编

"十二五"国家重点图书出版规划项目
国家出版基金项目 / 国家社科基金后期资助项目
上海文化发展基金会图书出版专项基金资助项目

　　本书由我国弗洛伊德主义研究权威车文博教授领衔主持，汇聚了国内弗洛伊德主义研究领域的权威和领衔学者，历史地展现了弗洛伊德主义的百年发展历程，提供了弗洛伊德主义研究的"全景图"，是国内精神分析学领域最全面、权威的研究成就，体现了弗洛伊德主义研究的最高成果，具有极高的学术价值，在国内精神分析研究领域居领先地位。全书遵循弗洛伊德主义的内部发展逻辑、外部发展逻辑与整合逻辑进行架构，三卷在内容上既相互联系，又彼此独立。

出版时间：2018年7月
开本：16开　页数：2760
定价：600元

（第一卷）

常若松　主编
开本：16开 / 页数：712
定价：188元

（第二卷）

郭本禹　主编
开本：16开 / 页数：1142
定价：198元

（第三卷）

郭永玉　主编
开本：16开 / 页数：902
定价：188元

所作所为是正确的。一旦信任遭到破坏，两者之间就会产生敌意。从这一角度来说，我们需要新的话语形式来取代全面批判的传统。那么，我们应该如何进行批判性反思，同时又避免将批判对象妖魔化呢？我们怎样才能跨越由不同的意义建构制造的心理障碍，共同建构充满希望的未来呢？在第三章，我们将一窥其可能性。

从个体到关系

社会世界是由一个个独立的、通常被赋予自主决策能力的个体构成的，还有什么是比这更为显而易见的事实呢？正是基于这一明显事实，我们支持这样一种民主，即每个成年公民都享有投票的权利；在法庭上，每个人都必须对自己的行为负责；在学校里，每个学生的作业都被分别评价；在组织工作中，我们需要针对每个员工进行绩效评估。也正是出于这些原因，我们认为西方文化具有个体主义的特征。

然而，在建构论者看来，"个体作为自主的决策者"这一事实并不那么"显而易见"。相反，我们仅仅将其视为建构世界的"一种"方式。事实上，社会生活中个体主义取向的历史并没有我们

社会建构：进入对话
Social Construction: Entering the Dialogue

想象得那么悠久，大约只有三个世纪。并且，也并不为世界上大多数人所共享。这并不意味着它是错的，但这确实让我们得以跳出囹圄以探其利弊：以这种方式建构世界让我们得到了什么？又失去了什么？我们是否还有其他选择？

可以肯定的是，维护个体主义的好处有很多。例如，对许多人而言，生命是有意义且重要的，这让他们感受到自己被爱、被尊重，感受到自我的价值。对我们中的大多数人来说，建立在个体主义基础上的民主制度无可替代。与此同时，个体主义也有其消极的一面。从个体主义的立场看，社会是由相互完全独立的个体构成的。我们由此认识到，我们无法洞悉他人的心理，也不可能彻底了解或完全信任对方。我们预设每个人都是为了他自己，所以每个人都需要接受道德教育以关爱他人。自尊成为我们生命过程中最重要的维度——害怕被轻蔑、被嘲笑，时刻追求比别人表现得更好。在个体主义的世界里，关系处于次要地位，因为它被看作个体用心营造出来的结果，不仅需要耗费大量时间，而且只在个体无法自足的情况下才被需要。

建构论思想正是在这一点上有所建树。如果某种对自我或世界的建构有损于我们的福祉，我们就应该设法发展另一种选择。实际上,从建构论的视角出发,是关系——而不是个体——构成了社会的基础。我们来拓展这一可能性吧。这样做并不是因为关系的观点"是真的",而是因为,当我们走向这种建构,我们便邀请了全新的很可能更有希望的行为方式。

意义与协调行动

我们通常认为,"意义"(meaning)存在于个体的头脑中。假设语词是个体内部思想的对外表达,当我们问一个人"你说这个是什么意思?"时,我们期望说话者澄清他的个人思想。这种有关意义的概念是个体主义传统的核心,它将个体奉为一切意义产生的根源。然而,除了个体主义偏见,它还衍生出另一个人们无法理解的问题,即如果意义存在于"个人头脑中",要了解"在那里到底发生了什么",唯一的线索就是言语表达。除非借助他人的表达,否则我们将不可能理解他人,也无法证明自己的理解是不是对的。然而,那些对外表达同样令人疑惑:我们怎样知道这些表达究竟隐含什么意思? 在此,很容易陷入研究者们所谓的**"诠释循环"**(hermeneutic circle),即每个答案又会创造出一个新的问题,如此循环往复,没有止境。摆脱这种循环的

社会建构：进入对话
Social Construction: Entering the Dialogue

最有效方式便是放弃对意义从中产生的"个体内部世界"的建构。让我们将注意力从意义如何产生于个体大脑转向意义如何由关系中产生，将视角由个体"内部"转向人与人"之间"。那么，如何理解意义作为一种关系的存在呢？考虑以下四个命题。

1. 一个人自言自语没有意义

在大街上，一个男人从一个女人旁边经过。他笑着对那女人说："你好，安娜！"可是女人没有听到男人的话，目光默然掠过。那么，男人刚才说了什么呢？他的确说了两个词，然而，其结果和他发出两个毫无意义的音节或者压根什么都不说没有任何区别。他一个人无法创造意义。

2. 意义的潜能需要通过补充行动（supplementary action）来实现

一个人的言语只有得到其他人的回应（即补充行动）才能获得意义。假如安娜回答："嗨，早上好！……"那么，她就把男人的话理解成一种"问候"。所谓沟通，便是赋予他人建构的意义以优先权。如果对方根本不予理会，没有把某个人的言语当作沟通（例如，觉得"那根本毫无意义"），或者他们没有真正理解这个人的意思（例如，认为"那太傻了"），这个人的言语同样毫无意义。

综合前述两个命题，我们认为，意义并不是存在于任何单独个体的内部，而是存在于人与人之间的关系过程中。两者的行动和补充行动必须互相协调才能产生意义。这个过程就像握手、接吻、跳探戈舞，至少需要两个人。

3. 补充行动本身还需要进一步的回应

每一次回应都有两个功能：一是赋予前文意义；二是作为一个补充行动，有待后续补充。实际上，除非补充行动本身也得到回应，否则补充赋予的意义将被悬置。假设某个正在接受治疗的病人对治疗师说自己很无助，她发现自己无法面对争强好胜的丈夫和难以忍受的工作环境。治疗师可能会将这些当作抑郁症的表现，回应道："是的，我知道你为何抑郁，你多跟我说说自己的情况。"然而，除非病人对此作出进一步回应，否则医生的补充没有意义。如果病人无视治疗师的回应，那么治疗师的话便起不到任何作用。如果病人说："我并没有说自己抑郁，我只是很生气！"她便是将治疗师的回应还原成一种傲慢的断言。假如病人回应说："是的，我确实感到抑郁……"此时，抑郁症便成了一种需要医患双方共同加以改变的现实。在更广泛的意义上可以说，我们生活在对话之中。我们所说的任何话只有凭借"前言"和"后语"才能获得意义。

4. 传统赋予我们建构各种意义的可能性，但并未决定哪一种建构是必需的

明白这一点很重要，即我们用以建构意义的语词和行动大部分是从其他时间或场合借用过来的。如果某个人走近你，开口对你说出一连串的元音"a、e、o、u……"，你肯定会感到困惑，很可能会寻找最近的安全通道迅速逃离。因为这个人的行为不属于任何一种你熟悉的协调行动的片段。实际上，我们今天拥有的共同创造意义的能力依赖于历史，后者已经延绵了许多个世纪。在这种意义上，正是由于协调行动的传统，我们才能恋爱，才能支持正义的事业，才能从自己孩子的成长中得到快乐。在每一种情况下，我们都从过去的关系中借用了宝贵的资源。

但是，我们又不是被过去决定的。行动/补充行动的全新组合总在不断向前发展。以一次生动的对话为例，对于任何一种表达，都存在几十种可能的、有意义的回应。而随着对话的继续，其结果将会是完全独一无二的创造。在这里，你可以再次体会到游戏的价值。当我们一起游戏或"戏耍"（fool around）时，

并不是完全遵照传统规则说话或行事。新的序列不断产生……充满欢笑……甚至可能开启全新的视角。

关系性自我

人是什么？我们的本性又是什么？我们很少问自己这类问题，因为我们或多或少都理所当然地认为，人是具有理性决策能力、拥有情感和欲望、记得住过往时光……的一种生物体。但是，正如前文已经提到的，这种常识性信念仅仅在过去几个世纪才成为西方文化的核心。在17世纪笛卡儿(René Descarte)说出那句著名的格言"我思故我在"(I think, therefore I am)之前，"我们能够思考"或者说"思想是人作为个体的核心"这一观点并不像现在这样明确。直到18世纪，"感觉"(feeling)这一概念才逐渐发展起来。与此同时，人类的其他品质特点日渐消失。例如，我们或多或少已经忘了"忧郁"（或译"愁思"，melancholy）的重要性，这是以闷闷不乐或爆发强烈的愤怒为特征的一种情绪状态。"忧郁"在17世纪非常流行，以至于伯顿(Robert Burton)写了一本500页的著作来讨论这种情绪的起源与治疗。尽管现在人们已将"灵魂"(The Soul)视为神话，但在长期

社会建构：进入对话
Social Construction: Entering the Dialogue

的人类历史中，"灵魂"一直被视为与人性有关的事实。最近几个世纪，人们开始把"自由意志"当作一种美德，但对大多数相信宇宙决定论的科学家而言，人的"自由意志"纯粹就是一种虚构。

心理疾病作为"缺陷性话语"

你是否正在接受抗抑郁治疗？你认识的年轻人中有人患注意缺陷障碍吗？越来越多的人会回答"yes!"。然而，在20世纪以前，并没有现今被称为"抑郁症"(depression)或"注意缺陷障碍"(attention deficit disorder)的疾病。有趣的是，1990年时，关于心理疾病的术语还很少，而到了2000年，心理健康专家已经"发现"超过400种心理疾病。目前在美国社会，心理疾病是医疗保健支出最多的疾病类型之一。与此同时，精神病治疗药物已经发展成一条庞大的经济产业链。当个体缺陷性话语(deficit discourse)得到科学认证，并成为一种大众常识，我们便开始以这种方式建构自我。

从社会建构论的视角看，心理疾病并不是"在那里"等着我们去发现，而是我们将某些行为建构成"心理疾病"，同时将其他行为建构成"正常"。一个"悲伤的""忧郁的""无精打采的"人并不是必须被诊断为"生病"。他或许只是需

第二章
从批判到重构

> 要家人陪伴、朋友支持,需要获得成功和认可,需要一个新的恋人,或者需要一些时间来克服丧亲之痛。然而,一旦给他贴上"临床抑郁"的标签,便很有可能把他推进需要终身接受抗抑郁治疗的泥潭。如果我们把一个孩子描述成"好奇心满溢"或"喜欢强刺激",他可能会去做更多有趣的事情。但同一个小孩倘若被诊断为注意缺陷障碍,那么他可能在未来很多年里都得服用利他林(Ritalin)。作为社会建构论者,我们对缺陷性话语可能带来的问题和影响始终保持敏感,并鼓励人们尽可能寻找其他更有希望的建构。

现在,让我们聚焦于"心理活动"这一被广泛分享并被视为理所当然的世界。诚然,思维、感情、欲望和记忆对我们而言意义重大。例如,如果我们不相信彼此可以分享内心的情感,又如何建立所谓的亲密关系呢?但是,心理的建构很重要并不意味着它们可以免于反思。所有这些语词——思维、情感、欲望、记忆——建构了一个"脑内的"世界。正如我们前面讨论的,当"内心世界"成为个体的核心特征时,我们便创造了一个分离、孤立、冲突的世界,我们看不到哪怕一丁儿沟通的可能。从本质上说,我们以往对人的建构支持了一种个体主义的意识形态,而后者对社会生活的影响实在不能令人满意。

在建构论者看来，基于这些问题，如何实现重构成为新的挑战。他们提出：是否可以用某种不再是个体私有的、内在的、"眼睛后面的"方式来重构"精神世界"？我们能否把思维、情感、欲望、记忆等视作关系的产物，而在关系之外毫无意义？如果能够成功地实现重构，我们将不再把自己视为孤单、独立、自我寻求或不断受到竞争者威胁的个体，而更愿意将自身视为关系的结果。"自我 vs.他人"的对立和竞争就可以转化为"通过他人建构自我"。下面我们考虑建构关系性自我需要经历哪些重要步骤。

对心理的关系性重构

创建关系性自我并不是一项容易的任务，这主要是因为我们使用的语词都是个体主义传统的产物。我们拥有数以千计的术语，可以将个体心理的内容和条件"建构成真"。我们可以滔滔不绝地谈论自己的思维、情感、欲望、希望、梦想、理想，等等。相比之下，要描述关系，我们便立刻词穷。这好比我们有丰富的语词描述棋盘上的棋子，却只有很少的语词可以描述象棋这种游戏。如何才能避开对个体心理的假设而解释关系性自我呢？很多学者都试图回答这个问题。以下是开启这扇大门的四个重要命题。

1. 有关个体心理的话语产生于对话

很多人认为，有关心理状态的术语的产生是应这些状态的真实存在所要求。因为思维真实地存在于人的头脑中，所以我们发明了"思维"（thought）一词。相比之下，建构论则认为，我们拥有"思考"（thinking）这个词，并非因为我们总是向内窥视自己的心理并识别出我们称之为"思维"（thought）的过程。我们到底向内看到了什么？毕竟我们看不见思维在大脑中的运行，又怎能确认这是一种"思维"而不是一种"态度"或一个"希望"呢？

其实，我们的语言是在我们与他人的对话中产生的。笛卡儿有关"思"的观点只是在特定的对话历史中才有意义。想象一下，笛卡儿正在和其他哲学家讨论，而他们问道："你用'思考'这个词究竟想表达什么呢？"如果没有人类的协作，就不会产生语词。正由于我们有关心灵的术语产生于对话，因此很容易理解为什么有些术语在历史的长河中出现又消亡，以及为什么创造数百种精神疾病术语对我们来说轻而易举。这同样也解释了为什么不同文化对"人们行事的动机"会有不同的理解。

2. 心理话语经由使用而获取价值

我们说有关个体心理的话语产生于对话，也就是说，话语的意义取决于它在社会情境中的使用。因此，我们不需要问，我们使用的语词是否准确描述了某种内心状态。假如你说"我很想要你留下来陪我"，那么问题并不在于"想"这个词与你头脑中的某种状态是否一致，而在于这个语词在关系中的使用，即你说的这个词会产生怎样的社会后果。

想一想我们用来表达"吸引"的语句。你可以说，"我佩服你""我只想成为你的朋友""你太棒了""我喜欢你""我被你迷住了""我爱你""我崇拜你""你真令我着迷""我渴望和你在一起"，等等。类似的表达不计其数。倘若你使用其中某一个语句而不是其他，会对说话的对象产生怎样的影响？他可能与你更加亲密，也可能心存质疑，甚至可能对你下禁令！其结果取决于你表达的对象和时间。我们有无数种表达"吸引"的方式，并不是因为内心有无数种不同的"吸引"状态，而是出于复杂的关系生活的需要。

3. 语言只是全部表演行为(performed action)的一部分

到目前为止，我们重点强调了语词——如思维、情感，等等。很显然，这些语词的出现往往伴随着面部表情、姿势、肢体动作及其他活动。这些身体动作(无声语言)对语词作用的发挥很重要。你可能会对某个人说："对不起，我伤到了你。"然而，如果你说这句话的时候面露笑容或讥讽，你可能立刻就会发现自己陷入窘境。这种情况下要想维持关系，严肃的表情是必需的。在这里，想象一下演员如何创造出有吸引力的情感表演(如爱、愤怒或同情)是有益的。他们的台词仅仅是完整的肢体表演的一部分。他们不会询问自己的真实感受，而只是投入地"制作出"(doing)这些情感。

需要说明的是，我们并不是说"表演"是肤浅的，或是工于心计的。例如，当我们"怒火中烧"时，我们甚至比舞台上的演员更加投入。相比而言，演员需要与角色保持一定的距离，他需要"扮演"某个角色而不是"成为"这个角色。同样，就像篮球运动员奋力一跃、转身投篮一样，我们也能"表现"自己异常投入的感觉。与演员不同的是，我们不需要评价自己表演的效果。一般而言，一个人不能同时完成对两个角色的表演。尽管一方面对外宣布"我非常感谢你的帮助"，但是另一方面又私底下对自己说"如果我这么说,他下次还会帮助我",这样的双重表演还是有可能的。但是多数情况下,我们只在"那里"真实地表现自己。

4. 表演是关系序列的组成部分

语词的意义在很大程度上取决于它所在(或被包含)的语句。例如,"球"(ball)的意义取决于你是说"抛球"(throw the ball),还是"我们有场舞会"(we had a ball)。同样,思维或感觉的表演也只是在一个关系序列的特殊节点上才有意义。你不可能跑到一个陌生人面前大声咆哮:"我他妈的太生气了!"这样做不具有文化意义。然而,如果陌生人在划伤你的车门之后试图逃跑,再发生上述行为就完全讲得通了。在这种情况下,你不生气反而让人觉得有悖常理。某种表达只有在特定的时间和场合才显得适当,否则就会显得很古怪。

以舞蹈为例,在摇摆舞、探戈或萨尔萨舞(salsa)中,舞者的动作只在跳舞的时候有意义,任何人都无法单独完成表演,需要舞伴的配合才能完成。此外,要想表演成功,双方的动作必须相互协调。在这些舞蹈中,没有纯粹的单独动作,而且在特定的时间节点有特定的舞步——就像跳摇摆舞,一个舞伴示意,另一个舞伴就会准备好旋转。

同样道理，心理的表演也只在特定的关系序列中才有意义。它们在关系中的某些时刻被预期发生，而不是其他时刻。这种表演需要他人的合作才能产生意义。因此，如果一个朋友赞美你，这一行为就为你表达"快乐"（或"尴尬"）提供了场景。如果这时你说："是的，我很高兴。"你便给予了肯定的回应，意味着"对方的赞美是你应得的"。每一个行为都邀请了下一个行为，每一个行为都需要其他行为赋予其合理性。更广泛地说，我们对心理的表演并不为私人所有，而是关系的组成部分。

疼痛作为一种关系性事件

不论怎么说，疼痛就是疼痛，至少我们就是这么认为的。关系视角的心理话语最令人振奋的意义在于，疼痛或许并不完全是一种个体内部事件。我们如何经受疼痛可能取决于历史或关系的语境。想象一下足球运动员在比赛中擦伤、流血了，还在说"玩得很开心"；或者，一位男性受虐狂付费给女性施虐狂，让后者拿着鞭子抽打自己；再或者，中世纪的基督徒鞭笞自己，以分担十字架上耶稣的痛苦。可以肯定，这些案例中存在某种特殊的身体知觉，但到底是"可怕的疼痛"还是"喜悦的体验"则取决于一种关系文化。

社会建构：进入对话
Social Construction: Entering the Dialogue

人们每年花费在减轻疼痛方面的资金巨大。大部分这样的努力都假设疼痛是痛苦的，疼痛的减轻主要依赖于改变神经化学成分。然而，站在建构论的立场上看，更重要的问题是，我们能否重构疼痛，将疼痛体验植入一种新的、更有希望的关系形式？在突破性著作《伤者叙事》(The Wounded Storyteller)中，弗兰克(Arthur Frank)认为，我们对疼痛的体验主要源自对疼痛的理解的叙事。例如，在**康复叙事**(restitution narrative，即认为在此之前我没有疼痛，现在我觉得很痛，但疼痛将会很快消失)中，疼痛有望逐渐恢复到健康状态。在这种叙事中，疼痛纯粹是一种不良刺激，只有恢复常态，痛苦才会结束。痛经便是一个典型的康复叙事。但是，更有意义的是**求索叙事**(quest narrative)。在这种叙事中，病人视自身经验为正在完成某个寻求理解的使命，或是获得一种精神启蒙。苦难使人成为一个见证者，能够向人们传达应对苦难的智慧。在此过程中，重要的是赋予痛苦以某种积极的意义。产妇分娩可以作为求索叙事的例证。在其中，疼痛、明智和喜悦是相互交织、难以分开的。

站在关系的立场上，我们可以对一切所谓个人的、私有的和"头脑内部的"事件——思维、情感、计划、欲望等加以重构，视其为从根本上是关系性的。所有对伤心或快乐、狂喜或痛苦、爱或恨、期望或厌恶的感受都意味着对某种特定的关系传统的参与。我们并不是内在地拥有这些状态，它们也没有锁定某种神经结构，而只是我们的生动表演。它们并没有事先激发我们的行为，也不是受我们的行为刺激而产生。这些状态和行动原本就是同一种东西，具有完全相同的性质。

你可能心存疑虑。"但是，我真的体会到个人经验。在一个人独处的时候，我经常思考，而且也会有情绪。"我们可以这么想：一个人独处时，在物理距离上，我们可能是远离了他人，但是，我们单独进行的活动同样植根于关系。我们独自"感到悲伤"，或者"思考一个问题"，这些活动只是某场表演在剪除了一般的关系情境后留下的一个片段。在这种意义上，"独自沉思"就像正在进行一场公共对话，只是没有呈现与他人交谈的全部表演。一个人在自己房间里独自体验的悲伤与在公开场合表现的悲伤并没有不同，只是独自一人的时候，我们不会"充分表演到位"（do it fully）——包括恰当的面部表情与身体姿态。独自伤感同样是在参与文化的舞蹈，只是没有他人出场。撇开关系的历史，就没有所谓的"内心世界"。

本章小结

在本章，我们拓展了对关系过程的理解和思考。传统所谓的现实、理性、真实和价值的概念超出关系的范畴，游离于关系之外。建构论对关系的强调意义深远，不仅动摇了根深蒂固的个体主义传统，而且重新审视了我们的各种制度，从亲密关系到教育、政治、法律实践。关系的视角点燃了我们欣赏他人和与他人共同生活的热情，从而不再孤立或拒斥他人。我们开始重视关系的生成性力量以及协调行动的不断延续。通过与他人一起表演和我们自己的行动，我们创造了某种理性和情感的现实。以往所谓的"心理过程"被重构为"关系过程"。"关系性自我"正是通过与他人的关系而被建构。在之后两章，我们将进一步探索蕴含着关系理念的组织、学校、治疗和研究实践。

第三章

社会建构与专业实践

富有吸引力的思想观念是一回事，在语词与我们的生活方式之间是否存在生成性关系则是另一回事，后者显然更为重要。本书两位作者大部分的学术生涯都在思考这个问题。我们见证了太多有趣的观点，诞生然后又消逝。而我们长期关注建构论的原因正在于它能够给我们的生活带来巨大改变。一旦开始吸收建构论的观念，你便很难再无动于衷。例如，当我们意识到，一切被我们视为"理所当然"的真实、理性和美好的事物只在特定的传统内才能成立，你一定会对某些令人不安的意义产生疑问。我们为什么一定要接受传统留给我们的东西？我们从中失去了什么？是否可以通过重建令其愈加美好？这些问题非常具有挑战性，反响也很强烈、广泛。

社会建构：进入对话
Social Construction: Entering the Dialogue

本章我们将探索建构论对专业实践的影响。我们的讨论将会涉及治疗领域、组织发展、学校教学和冲突解决——所有这些都是人类社会发展变革的一部分。在上述每一领域，建构论的观点都开启并鼓励了一系列新的鼓舞人心的新举措。

社会建构与治疗变革

减轻一个人的痛苦不是一件容易的事，人们从未停止寻找"最好的治疗方法"。建构论的优势之一在于，启发人们放弃寻求最完美的方案，理解"法无定法，因人而异"。对于来访者和治疗师，治疗方式需要考虑个人的特点和喜好，这一点区别于传统的治疗方式——事实上，体现了对真和善的多元建构。每一种治疗传统其本身都带有文化意义，为什么要强求某种单一的意义系统对所有人都适用呢？以下三种治疗形式与建构论对多元价值的敏感相符，各自为治疗变革提供了重要资源。

叙事治疗：重述生活

我们对生活的理解在很大程度上是借助叙事的形式，在其中，我们是故事的主角。这些故事包含着成长、恋爱、求职、就业，等等，事关成功和失败、做得好或做得不太好。我们生活在这样的故事中。如果没有这些故事，我们会是谁呢？因此，当一个人的生活"陷入困难"，这种困难可能只在某些类型的故事中是合理的。例如，当我们面对失败、被拒绝或感到生活失去方向时，我们常常感到痛苦。但是，失败、被拒绝或失去生活的方向并不是"自然中存在的问题"。它们只是发生在某一类故事中的一个片段。对你来说，"失去"某些东西（如一份工作、一个亲密的朋友或他人的爱）意味着由你出演主角的这个故事原本预期朝着某个进步的或自我实现的方向（一个好故事的结局）发展，现在却遭遇了挫折。

叙事治疗师十分欣赏这种观点，他们相信通过重述（restorying）个人生活，"问题"可以得到转化，新的故事得以建构。以此为出发点，新的行动得以开启。例如，在一些人的故事中，他们长期遭受父母虐待，以至于不希望继续活下去。但是，如果换一种视角重新建构童年的故事——他们是如何勇敢地坚持下来，就像一个英雄那样——他们也许会发现新的、更加乐观的行为选择。

家庭治疗师怀特（Michal White）和爱普斯顿（David Epston）关注故事重述中隐含的政治潜能。大多数人认为，自己的问题存在于"头脑中",属于个体功能障碍。怀特和爱普斯顿则认为,这种治疗叙事妨碍了人们对个人问题发生于其中的社会政治条件的理解。对于我们通常认为的个体功能障碍,如抑郁症,可以通过重述生活故事,使我们看清自己正在面临的经济压力和政治现状。当一个人明白"这不是我的问题,而是整个系统的问题"时,他们便会停止自我怀疑,开始新的行动。例如,怀特帮助澳大利亚土著居民看到个人的贫困实际上源于外部社会的压迫。在与有权势的白人的关系中,他们开始意识到自己的权利被剥夺。通过揭示文化对他们的偏见,他们与外部势力的抗争被进一步强化。通过联合重构新的故事,不仅缓解了个体压力,而且引发了政治行动。

短期和焦点解决治疗:语词魔法

通常,来访者带着他们希望讨论的问题进入治疗。但是,这种治疗讨论利弊参半。站在建构论的立场上看,我们越是真挚地讨论某个问题,这个问题就会变得越真实、越难以克服。如果我们就某个问题讨论了太长时间,就很可能会因为受到问题羁绊而陷入无助。依照建构论的观点,焦点解决治疗师寻求另一种"讨论问题"的方式。这种治疗不再聚焦于个体的困难,而是鼓励对可能的优势、资源和关系的讨论。以对所谓的"奇迹问题"的讨论为例,治疗师问病人:"如果明天醒来,你发现这些问题都不存在了,你会做什么呢?"治疗师以这种方式帮助来访者一步一步地朝着自己期待的方向迈进。以关注积极的未来代替纠缠于陈旧的过去,以此作为主动谋求改变的基础。

与精神分析之类的长期治疗相比,短期治疗更具吸引力。在建构论看来,精神分析需要经历许多年的治疗,因为精神分析治疗将来访者建构成拥有"深层次问题"的人。倘若问题被定义为与童年早期的潜意识记忆有关,那么长时间的治疗就是合情合理的。然而,我们也可以用另一种不同的方式建构个体。也就是说,重要的是活在当下,我们的幸福更多是与当前的各种关系相联系。如果我们采取后一种观点,那么治疗将会变得简短得多(花费相应也更少),设定的治疗结果也将不同。治疗与其拘泥于旧日的问题,不如更多地关注当下关系的意义。一旦来访者实现了从关注过去到关注现在、由聚焦问题到发掘潜力的重构,那么可以预期,改变将很快发生。

后现代治疗与"不知"预设

传统治疗流派均基于治疗师拥有专业知识的预设。也就是说,治疗师事先接受过专业训练,可以明确诊断病人的问题("疾病")并治愈。当然,对于治疗师到底需要具备怎样的"知识",有着不同的理解。不同治疗流派分别将来访者的问题与被压抑的性欲、父母关爱的缺失以及来访者本人强烈的自卑感等相联系。值得注意的是,上述任何一个流派的治疗师在病人进入诊所之前往往就已经知道他们存在的问题。治疗师从"已知"出发开展的治疗不会给予来访者自己的"认知"以任何信任。

休斯顿·加尔维斯敦家庭治疗研究所(Houston Galveston Institute For Family Therapy)的古勒施恩(Harry Goolishian)与贺琳·安德森(Harlene Anderson)提供了另一种备选的治疗方案。它被称为"不知"取向。在这种治疗中,治疗师对家庭成员所说的话语和家庭成员如何建构他们的世界拥有强烈的好奇。与此同时,治疗师不会放弃以往所学的专业知识,而是将它们作为资源,以丰富治疗性会谈。最重要的是,治疗师对来访者带入治疗的意义建构时刻保持敏感,并在此基础上发展出新的意义。来访者的改变从现实出发,由内而外地发生。

举个例子。假如在一个家庭中,父亲是一位"暴君"。那么,"已知的"(knowing)治疗师会迅速得出结论,认为这个父亲很可能有人格障碍，因此引起其他家庭成员对暴虐的反抗。这听起来很在理。但是"不知的"（no knowing）治疗师只会将此作为一种可能的解释。探索这位所谓"暴君"的生活世界，或许还会发现其他可能性。例如，通过不断探索，父亲可能开始对自己的坏脾气感到羞愧，并提出希望更加直接地表达自己对孩子们的爱。随着对话的发展，治疗的方向也会发生改变。一旦父亲找到新的表达自我的方式，与其再去探查和解释父亲脾气恶劣的原因，不如帮助家庭成员找到与父亲交往的更有效的方式。

下面我们从心理治疗转向建构论实践的第二个重要领域——组织。

社会建构与组织效能

组织的成功在很大程度上取决于组织成员参与有效协商的能力。当组织成员之间发生激烈冲突时，团队的效能感将不复存在；当团队成员都不理解或认同领导者的观点时，领导的作用也就随之消失。毫不意外，建构论的观点已经对组织工作产生了重要影响。

建构论强调，组织内部包含着很多小型的亚文化，这些亚文化通过分享对真实和美好的预设而团结在一起。将这些亚文化联结在一起形成统一的组织文化的最重要的纽带是他们的叙事。其中，尤为重要的是那些能够让组织成员产生共同的历史感和使命感的叙事。大部分读者都会意识到家庭故事（如祖父的滑稽笨拙、母亲做的不可思议的生日蛋糕、狗狗的劣迹等）在创建"家族感"方面的力量。对组织而言，同样如此。那些故事向我们揭示勇气、智慧和努力曾为我们带来的巨大成功。下面我们来考察建构论对组织实践的两个重要贡献。

从个体到关系型领导

说起杰出的领导者，你也许会想到某个单独的个体——多半可能是男性——拥有特殊的才能、非凡的智慧和雄辩的口才。的确，很多关于组织领导的研究都赞同领导的"伟人观"。从这个视角来看，领导者能对跟从者施加影响，而有效的领导者就是那些能够激发员工的动机并指引组织不断走向成功的人。

然而，从建构论的视角来看，这种领导观存在严重缺陷。它没有充分考虑意义在关系中被创造的方式。除非他人参与创造意义的过程，否则只凭单一的个体是无法发挥领导作用的。即便苏联领导人掌控了所有国家机器，但是在和平年代没有发生任何严重冲突的情况下，政府仍然垮台了。苏联人不愿意接受由高层建构出来的现实，他们因此协商了另一种对国家命运的不同建构。出于对共同建构意义的敏感性，以及提升组织生命力的愿望，理论家和实践者创造了一套新的领导概念和实践，在其中领导是一种关系性过程。

对关系型领导最具影响力的评述来自德拉斯（Wilfred Drath）的《蔚蓝深海：反思领导之源》（*The Deep Blue Sea: Rethinking the Source of Leadership*）。作者认为，关系型领导产生于人们创造领导角色和领导活动的对话中。用德拉斯的话说，领导力"不是领导者个人的附属物，而是共同体的一个方面"（Drath，p.16）。组织的愿景与目标并不是由个人建立的，而是被参与对话的所有成员共享。领导的任务分布于组织成员之中。

在此，我们可以分析一下友谊型团体（friendship group）如何发挥其功能。多数情况下，参与者对团体将如何运作拥有一致性看法，他们也会不断地将团体中的某一成员推选到"领导"的位置上，每个成员拥有不同的专业知识和各自的特殊资源。然而，沟通和协商对友谊团体的维持与延续十分重要。关系性

55 视角的应用,其结果对团体具有革命性意义。例如,一旦放弃将领导作为独立心灵的幻想模式,便能够吸引更多的参与者积极参与领导。团体成员不再单纯地执行命令或疲疲塌塌地度过每一天,由于他们自己参与了对政策的制定和实践,这便相当于他们已经深度卷入其中。无论是称赞还是责备,都将由大家共担。譬如,现今公司总裁(CEO)的平均薪资可以高达小时工的500倍之多,这便是个人英雄式领导模型的特征。如果公司总裁被设想为复杂关系过程的一部分,那么薪资的分配将会更为平均,总裁也将更少受到指责。此外,组织的道德水平也将有所提高。少数几个人关起门来作决定很容易导致渎职和违法行为的产生。而借助广泛的对话,更容易督促人们坚守诚信的一般准则。

56 **关系型领导走向实践**

在如今的电脑行业,沃(Barbara Waugh)是一位卓有远见的领导者。17年来,她一直担任惠普公司人事部门的经理,目前主要负责将互联网技术推广到欠发达国家。她也是一名明显持有关系取向的领导者。以下两段内容节选自她的著作《计算机的灵魂》(*The soul in the Computer*):

倘若没有我在公司内外的私人和业务关系，我生活中的任何事都不可能办成……惠普公司本身就是一个突显关系力量的典型案例。惠普正是建立在人与人之间彼此关爱和相互尊重的基础上。这不是休利特（Hewlett）公司或帕卡德（Packard）公司，而是惠普（Hewlett-Packard）公司。这种命名的前后顺序并不是由两个创始人的力量强弱或水平高低决定的，而是通过掷硬币决定的。公司的成长和发展离不开大量重要的关系。不仅仅是同事之间的关系，还包括组织内部各种上下级之间的关系……

除非我们愿意倾听，否则我们无法维持良好的关系。在我们还没有准备好如何评论，还没有想好回家的路上要不要给车子加油，还不知道孩子的数学测验考得好不好时，都需要认真倾听。我们不应该充当"评价机器"的角色，不断地判断谁更聪明、谁更正确、谁最有可能成功。我们应该将彼此纳入视野。当我们这样做的时候，就会出现奇迹——结果甚至比我们想象的还要美好。（Waugh, pp.200-201）

社会建构：进入对话
Social Construction: Entering the Dialogue

欣赏型探究：促进组织变革

组织的世界里充满了"问题谈话"（problem talk）。经常会听到这样的声音："我们的市场销售存在问题""公司总裁缺少对未来的谋划能力""员工们对公司不满"，等等。人们想象，如果所有问题都解决了，组织便可以成功运行。但是，果真是这样吗？如果我们仅仅关注个人问题，就会忽视组织的整体；我们的目光也就难以看到未来的远景；我们彼此开始发现对方身上的缺陷和不足；我们变得越来越多疑和被迫自我防御。由于需要解决的问题总是源源不断，组织的梦想似乎永远无法实现。

从建构论的视角来看，问题谈话是**选择性的**（optional）。如果我们以这种方式建构世界，我们面对的就只有问题。正因为问题谈话常常让我们偏离目标，因此我们要问，组织内部是否还可以找到其他更有效的谈话方式？有一个组织专家团队充满信心地回答："有！"这种可以调动团队和组织的有力方式被称为**欣赏型探究**（Appreciative Inquiry，AI）。欣赏型探究是区别于问题聚焦取向的另一种组织变革模式。欣赏型探究的实践者以一种我们已经"有了半杯水"而不是"还剩半杯空"的积极态度看待世界。作为欣赏型探究的开拓者，库珀里德（David

Cooperrider)写道:"如果一个团体希望创建美好的未来,那么它所能做的唯一有意义的事情就是去发现系统各部分的'积极内核',并使它成为组织成员共享的财富。"库珀里德强调,应该关注组织最核心的优势和资源,而不是那些问题领域。

在探索人力资源优势的过程中,全体成员越是积极参与,组织变革就会开展得越顺利、越深远、越持续。通过欣赏型探究,团体内部的关系性现实暴露出来。通过对话和交流,新的关系得以形塑。通过这种关系,组织的未来得以呈现。在典型的欣赏型探究会议中,要求组织成员结成对子,围绕积极核心,分享彼此的故事。参与者们回顾组织发展过程中那些最好的时刻,尤其是他们曾经从组织中获取力量、快乐和成就感的故事。例如,叙述者曾经在其中投入巨大热情或发挥了重要作用的那些项目等。这些故事紧接着会在更大的团体中分享,最终目的是从中提取能够赋予组织生命和活力的那些积极因素。

通过这些分享,参与者开始讨论组织的未来以及如何能够最大限度地激发和保存组织活力。带着一种全新的、激动人心的愿景,参与者们设置行动计划,以实现预期的变革。整个合作过程点燃了参与者的热情,激发了良好的意愿,坚定了

社会建构：进入对话
Social Construction: Entering the Dialogue

他们完成目标的决心。更重要的是，欣赏型探究扎根于过去，着眼于未来。参与者分享的不是白日梦，而是利用过去获得的成功和现存的优势，生成对未来的理想和实现理想的可能性。通过这种过程，激发组织内部成员努力变革的力量。通过对话和分享，组织系统内部将产生新的现实，并由此发动持续性的积极改革。欣赏型探究的这些原则正是以社会建构论为基础。

虽然许多欣赏型探究项目是在公司开展的，但在学校、教堂、非营利性组织、社区以及个人生活中同样存在大量实践。一些欣赏型探究实践者，如沃特金（Jane Watkins）和凯利（Ralph Kelly）举办了夫妻关系工作坊，帮助人们重新发现那些曾经引领他们走进婚姻的爱情力量。通过探寻积极元素，工作坊成功地加深了夫妻之间的亲密关系。另外一些工作坊基于欣赏型探究的原则，帮助人们发展领导实践，或改变个体的生活方式。有很多学习资源，为欣赏型探究的学习者和实践者提供了更多的机会和阅读信息。有兴趣的读者可以在本书最后找到这些文献和资源的目录以及相关链接。下面我们将转向建构论实践同样兴盛的第三种语境——教育。

社会建构与课堂教学

作为心理学教授,我们发现建构论思想对教学实践产生了重要影响。举例来说,现在无论在哪里,我们都尽可能地用课堂对话来代替讲授这种传统的教学方式。为什么呢?因为传统的教学观念基于个体主义的方法论,忽视了意义在关系中的生成。因此,我们不再把"将知识灌输进学生的大脑"作为自己的职责,而是将有助于学生开展新的对话的资源引入课堂。我们相信学生对真实、理性和美好有自己的理解。通过对话,他们可以利用自己的技巧进行有意义的交流,与此同时,也必须听取他人(包括教师)的意见。如果课堂是相互接纳、尊重和包容的,学生便会踊跃参与。通过对话,学生可以将我们提供的认知传统嫁接到他们原有的视角和观点中。我们同样也能向他们学习,在课堂上实现教学相长。

我们并不是孤独的探索者,有很多人都在积极尝试将建构论思想运用于课堂。以下是由建构论催生的两种新尝试。

批判教育学及其超越

虽然政客们和教育行政领导者总是宣称"好的教育"是祛除了政治与意识形态偏见的,但建构论者相信,教育内含政治性。

社会建构：进入对话
Social Construction: Entering the Dialogue

例如，仅仅是要求精通英语，宣布所有人都必须说这种语言，在很多人看来，便意味着赋予英语以语言特权。要求宗教从学校撤离，表明社会整体的世俗化。更加微妙的是，要求以经验实证的方法建立有关人类行为的知识，暗示着我们只有在有所控制和不带感情的条件下才能更好地理解他人。这些并不是说，教育与价值偏见之间的联系是危险的，或是需要避免的。事实上，我们课程中内含的偏见受到来自社会上大多数人的生活方式的支持。（只有当大多数人不支持某种生活方式时，这种生活方式才会被认为是一种偏见！）教师要求学生参与投票，不会被认为是偏见；但是，如果教师要求学生为民主党投票，那就是一种偏见。然而，从建构论的立场出发，我们希望对这些偏见有清醒的意识，理解谁在其中被授予特权，谁又被迫噤声。只有这样，我们才有可能设想其他的选择。如果我们注意到在班级讨论中哪些人能够畅所欲言，哪些人总是默不作声，就可以了解那些沉默或失去的声音，赋权给沉默的人们。

这些观点反映在批判教育学（critical pedagogy）运动中。这场运动在很大程度上受到弗莱雷（Paulo Freire）《被压迫者的教育学》（*Pedagogy of the Oppressed*）的影响。弗莱雷尤其关

第三章
社会建构与专业实践

注不利于社会底层的教育模式，这些模式将下层阶级的子女培养成受奴役者。从那时起，许多批判家便开始关注标准课程与教学方法中的种族和性别歧视问题。尽管揭示传统知识中隐含的阶级、种族和性别偏见非常重要，建构论仍希望更进一步。首先，我们需要增强批判性敏感以便让来自不同传统的人都能更好地了解传统教育实践制造出来的隔阂与沉默。实际上，偏见不仅局限于阶级、种族和性别，它们在宗教、性取向、传统技能（如写作、音乐、运动）等方面同样在起作用。多样化的现实已经对传统教育造成非常严峻的挑战。

此外，建构论要求我们以对话代替含有敌意的批判。意识到自己的传统受到压迫是一回事，转而征服压迫者则是另一回事。压迫者永远会坚持自己的价值传统。如果所有的传统都起来互相倾轧，生活将变得混乱、无序、野蛮、粗俗。由于缺乏衡量和评估各种传统的最终手段，相互探索的艺术就变得极其重要。在这种情况下，建构论要求我们认识到一味地批判存在局限。通过强调问题，我们实际上强化了这些问题的现实性。除了看到消极的一面，再也看不到其他方面。因此，非常需要通过对积极因素的探索对批判实践进行补充。一旦我们认识到其他传统也有积极的方面,便有可能通过相互探索形成新的生活方式。

合作学习

传统教育以个体主义为导向,旨在促进个体的独立和人格发展。它通过"个人课业"来评价学生,所以分数往往是针对每个学生单独打的。建构论从个体心灵和政治意识形态两方面对个体主义提出质疑。之前,我们已经阐释了所谓个体"思维"实际上是个体浸入关系后的副产品。不通过"公正"(justice)或"责任"(responsibility)等语词,我们怎么思考有关公正或责任的问题呢?正如我们已知的,将个体视为社会的基本单元,我们创造了分离(separation)与异化(alienation)的社会文化。如果我们承认一切所谓真实、理性、宝贵的东西都是关系的副产品,那么将关系过程作为教育实践的核心便合乎情理了。

有关个体实践的对话 *

肯(Ken):我为专业实践中的发展感到兴奋。但是你知道,建构论已经通过各种方式进入人们的日常生活。让

---

* 此为本书两位作者之间的一段对话,"肯"是肯尼思·J. 格根,"玛丽"是玛丽·格根。——译者注

读者感受一下建构论的个体建构实践是很有益的。

玛丽(Mary)：我也这么想。我在想发生在我们之间的那件趣事。那次，你很晚才回家吃饭，我很生气，质问你为什么这么晚回家，而你却笑着回答："你想听什么样的故事？"这句话使我无法继续扮演一个受伤妻子的角色，于是开怀大笑。我意识到你在提醒我，有很多种建构现实的方式，而你正在试图发现一种可以让我们重归于好的方式。

肯：是的。我还记得有一次我从学校回来，情绪十分低落。我一进家门就破坏了家里的气氛。我们都觉得，这不是一种好的生活现实。于是，你让我出去，重新进来。第二次进门的时候我已经感觉好多了。我们成功地解构了第一次的遭遇，这才有了第二次更加具有建设性的处理方式。

玛丽：那一次对我也很有启发。它让我意识到，当我们之间出现了不好的气氛，那只是"一种"存在的方式，是以某种方式建构世界或彼此相互建构的结果。我们

社会建构：进入对话
Social Construction: Entering the Dialogue

> 完全可以有其他的选择。
>
> 肯：最让我开心的是，不论我因为什么而"心情不好"，你都会帮助我对事件进行积极的重构。你重塑了我的观念，激发了我的力量，我十分感激。
>
> 玛丽：我一直在寻找能够感受生活美好的方式，尤其当我身患重病的时候，这样做很重要。在与其他人（包括我的孩子、同事和朋友）相互交往的过程中，这样做同样重要。消极情绪是消极建构的结果，它们不是真理，完全可以被取代。其中的挑战就在于要找到一种你认为正确的替代方式。我想说，与他人对话确实有助于重构生活的意义。

越来越多的教育工作者在朝着关系的方向前进。这方面的一个重要成果是合作学习，即与他人共同学习或通过他人获得学习。我们前面讨论的对话实践便是一个例子。关系导向的最重要尝试或许是合作性写作。从小学到大学，很多教师都尝试在布置作业的时候要求学生以合作性写作代替个人写作。在合作性写作过程中,学生要么与另一个学生结对子,要么加入某一个小组。不论哪种情况,学生们共同努力来完成最终的作业。有教师发现,合作的过程汇集了全体学生的优势或技能。例如,有的学生可能擅长写摘要,有的学生可以提供生动的故事用于说明观点,也有学生拥有奇特或不平凡的洞察力,还有的学生热衷为小组成员加油打气。每一位学生都可以为集体作出自己独特的贡献。除了发挥各自的特长,他们还能彼此学习。例如,擅长理论和概念化的学生可以向热情、感性的同学学习,等等。他们都可以从论文呈现的多重声音中获得更多见解。与此同时,他们还为未来与他人合作作好了更充分的准备。现在让我们探讨专业实践的最后一部分,这一部分的意义尤为重大。

社会建构与冲突解决

当前,冲突遍布世界各地——大部分令人恐惧,有些甚至是毁灭性的。冲突为何如此普遍?怎样才能解决这些冲突,创造更具可持续性的生活方式?实际上,这个话题已属老生常谈,人们尝试减少冲突的历史非常悠久。对此,建构论并未作出任何硬性承诺,但它的确为减少冲突提供了一种新的视角和实践方向。

社会建构：进入对话
Social Construction: Entering the Dialogue

在建构论者看来，大多数的人类冲突都源于制造意义的过程。与他人合作的时候，人们之间会生成有关真实和美好的共享语言。这些语言中的很多被纳入地方性的公序良俗。在创造"我们"和"我们的方式"的同时，也创造了外在的"他们"和"他们的方式"。通常而言，在某种传统的"自己人"眼里，"外人"是误入歧途的、地位低下的、不受欢迎的。在最糟糕的情况下，"外人"甚至被看作危险的敌人。因此，当我们分享有关真实与美好的观点时，会体会到某种和谐。相反，当"你用你的方式"而"我用我的方式"看待它时，我们便面临着"不是你错就是我错"的冲突可能性。正如克利夫兰（Thomas Cleveland）在《自然史》(Natural History)中写道："……那些率先发起战争的人总是相信自己选择了正义。正是这种信念让人类成为极其危险的物种。"

以建构论的方式来解决冲突，可以避开到底谁对、谁错的问题。如果我们能跨越冲突，剩下的核心问题就是如何整合这些意义分歧。由于语言在建构相互冲突的现实的过程中起到了核心作用，因此我们特别关注对话。有没有一些可以让我们与他人相处得更友善、更融洽的谈话方式？虽然强调对话这一点并

第三章
社会建构与专业实践

不新鲜,但建构论要求超越冲突性话语的内容,关注说话的方式——事情如何被表达?哪些方面被强调?哪些方面被忽略?等等。例如,当我们意见不一致时,很可能陷入争论。争论的对话形式很容易导致相互攻击,因为只有一方能赢,另一方必然会输。争论在本质上就是"不同意义之间的战争"。那么,有没有什么其他方式可以代替争论,从而更好地解决冲突问题呢?

公共对话项目

美国波士顿地区的一个家庭治疗团体开展了一项颇有意义的实践,称为"公共对话项目"(Public Conversation Project)。这个团体十分关心本地区及整个国家由堕胎问题引发的仇视和暴力。冲突的双方都是好人,但他们各自对道德权利的宣称使他们陷入关系紧张的局面,谋杀和恐怖事件日益增多,开展新的对话迫在眉睫。公共对话项目希望创造新的对话形式,以避免袭击、羞辱或报复。选择哪些人进入项目?如何将这些人聚集到一起?如何帮助他们实现对话?研究者对各个环节都作了精心的设计。以下是他们对实践过程的描述。

一个普通的夜晚,我们邀请冲突双方的代表见面。为了避免一见面就针锋相对,我们首先安排双方共进晚餐。在此期间,

社会建构：进入对话
Social Construction: Entering the Dialogue

68　不允许谈论有关堕胎的话题。事实上，在这一阶段，参与者们还无法确定其他人在堕胎问题上的立场。因此，在用餐过程中，大家讨论的只是一些共同感兴趣的话题——工作、孩子、天气，等等。分享普通的人之常情通常很容易被理解和接受。讨论正式开始时，主持人要求参与者首先在个体经验水平上而不是在双方所谓的原则问题上进行交流。参与者被鼓励讲述与各自立场相关的个人故事。很多人谈到自己曾经历过的、与堕胎有关的困境和痛苦。参与者很可能会反对或攻击对方的原则性言论，却可以完整地聆听这些个人经历和成长故事。其结果是，他们开始在情感上理解为什么对方代表会有如此感受。随后，参与者被鼓励谈谈自己的"灰色地带"，即对自己所持立场的怀疑或不确定。在这里，他们开始发出第二种声音，这是一种与对方观点类似的声音。

　　这种精心安排的会谈通常包含6—10名参与者，其结果往往是冲突的减弱。参与者不会被要求改变立场（事实上，他们最终也没有改变），但是，他们对另一方有了更多的同情和理解。此外，他们开始建构新的可能性。例如，在反对堕胎（pro-life）和支持堕胎（pro-choice）的冲突案例中，参与者最终同意共同避免使流产可能成为一种选择。例如，其中一种方式是，参与者们一致同意在危险逼近时警示他人存在怀孕的风险。一部分参与者被这些会谈深深吸引，在之后的数年中一直保持私下的会面和交流。实际上，通过改变对话的形式，合作性探究化解了冲突双方的仇恨。作为解决冲突的一种建构论取向，参与者最终意识到，没有哪一方独自拥有真理，看问题有许多不同的角度，相互对话有助于创造性地建构出新的结果。

本章小结

有关治疗、组织变革、教育和冲突解决的实践无不受到建构论思想的影响。本章介绍的治疗实践包括叙事治疗、短期和焦点解决治疗与后现代治疗；在组织变革实践中，我们重点关注了关系型领导和欣赏型探究；在教育实践中，我们讨论了批判教育学与合作学习取向；借助对话策略，特别是公共对话项目，我们探讨了减少冲突的方法。在另一本书中，我们还写了有关咨询、社会工作、宗教等其他形式的新型实践。我们尤其希望读者能够受到这些讨论的感染，在其他领域运用建构论的观点，并激发新的创造性。未来正是在关系中被塑造的。

第四章
学术研究作为建构实践

关于知识和研究实践的很多传统假设都受到建构论思想的挑战。本章我们先介绍由建构论带来的一些观念上的转变,然后转向新的观念在社会科学研究中的应用。如果建构论提供了另一种新的知识观,那么这对我们认识自己和他人又意味着什么呢?

重构知识实践

从传统意义上来说,对知识的探索与对真理的寻求密切相关。相比之下,建构论则认为,知识只是受特定假设、信念和价值观指导的特定共同体的产物。并不存在"所有人的真理",只有"共同体内部的真理"。那些被认为"无知"的人并不是真的什

第四章
学术研究作为建构实践

么都不知道,只不过他不是这个拒绝接受他的共同体的一部分。换一个知识领域,他未必不能发挥作用。就像数学教授的知识不一定比篮球运动员多,历史学家懂的也不一定比泥水匠更多。不同共同体的知识是为了不同的目的而存在,并以不同的方式发挥功能。知识的多元化为建构论挑战传统的知识生产奠定了基础。

打破学科边界

科学知识被划分成不同的学科,如化学、地理等,这在很大程度上是基于世界上存在"客观真理"这一假设。在这一传统内部,每门学科都有自己特定的研究对象(objects of study)(如化学元素、动物种属、经济或心理等),并且每一领域都有自己特定的研究方法(如实验、测量、样本分析等)。这种划分取向导致不同的知识创造群体之间成为孤岛,很少交流。他们也很少能被多数公众理解。在大部分大学校园里,不同院系占据不同的建筑,邻居之间很少相互拜访。那些囿于"象牙塔"中的人也很少愿意和外部公众沟通。

建构论对这种学科之间的隔离提出了批评。在建构论者看来,研究对象是由相关的知识共同体建构出来的。共同体

社会建构：进入对话
Social Construction: Entering the Dialogue

创造了化学、经济、心理、物理等现实。正如著名的科学史学家库恩（Thomas Kuhn）所言，共同体发展了不同的**范式**（Paradigms）。范式由某个科学共同体成员共享的假设、方法、写作形式、奖赏等构成。范式是共同体制造意义的"引擎"（engines）。通过这些范式，共同体重视的问题得到解决。尽管在这些范式内部产生了重要的成果，但是，它们同时也具有局限性。很多时候，范式所起的作用就像一个眼罩：一旦带上它，就很难再看见它以外的事物。例如，如果你研究的是"物质的"现实，那么，当有人在你面前谈论"精神"时，你就很可能不知其所云。如果你的范式给你的任务是研究原子的裂变，其结果将被用来制造原子弹，那么关于战争的善恶便与你毫不相关。后者是政治或宗教层面的问题，不是你所研究的科学领域的问题。

建构论试图模糊学科之间的边界。我们最终的愿望是实现跨界对话（cross-talk），即允许多样化的现实与不同价值之间开展对话。失败的分享将会导致对不同传统的价值和潜力的忽视。同样重要的是，在不同学科的学术研究与周围文化之间展开对话。参与其中的各方都将得益于这样的对话。最重要的是，学术和科研工作可以更多论及对社会具有普遍意义的议题。

第四章
学术研究作为建构实践

这一点与下一节的内容密切相关。

探询效用与价值

在建构论者看来,每个共同体只在它承诺的范式内开展研究。经济学家赞赏与经济建模相关的研究成果,神经学家则对脑成像研究更感兴趣。然而,建构论希望我们考虑这些语言及其成果在共同体边界之外(outside the bounds)的效用。例如,经济学或神经影像学研究如何帮助(或损害)生活在这个社会中的人?共同体外部的人们是否有机会对此表达自己的观点?

本质上,这是一个价值问题。我们想要鼓励什么样的生活方式?我们对自己的子孙后代有着怎样的期望?比如,历史学家有责任告诉我们历史的真相。但是,中东的历史又该如何描写呢?这在很大程度上取决于由谁来讲这个故事,讲述者所处的时代,以及出于何种目的讲述。有些描述支持伊斯兰教,另一些描述则不支持。有些人会说,很多伊斯兰国家还没有进入现代化高科技时代,而也有一些描述认为,这些国家成功阻止了本民族传统的衰败。没有人可以超越所有传统而描写历史。只要我们卷入这些观点的纷争,针对这些问题

社会建构：进入对话
Social Construction: Entering the Dialogue

开展对话就非常必要。否则，等待我们的结果很可能是相互灭绝。

鼓励多元方法

传统研究假设，有一个由客观对象或事件构成的世界独立于研究者之外，而研究者的任务就是揭示这些对象或事件的特征。这通常意味着要对研究对象进行敏锐而准确的测量。例如，心理学家相信人的内心存在某种"态度"，因此发展出调查问卷"探测人的态度"。经济学家相信"经济发展"，因此采用国民生产总值（gross national product）作为评估经济发展的指标。事实上，人们普遍相信，"通过科学的方法可以发现事物的真相"。

从建构论的观点来看，研究方法反映了特定共同体的假设和价值观。因此，研究方法与其说揭示了事物的本质，不如说创造了我们眼中的本质。心理学家重视某种被称为"智力"的东西，将某些行为（如解答语言问题）定义为"聪明"，然后开发了一套智力测验来测量人的智商（IQ）。但是，人们从智力测验中获得的分数仅仅是对心理学家定义的"智力"的反应。智力测验并不能真正反映出测量对象"在智力上的差异"，而是心理学家建构了某种"事实",人的智力差异在其中似乎很显著。对自尊、人格、认知功能的测量同样如此。

我们并不建议放弃传统所谓的研究方法,尽管它们只是创造了某种真实。回想一切真理都存在于"某种传统内部",并且每一种传统都奉行特定的价值。因此,就特定的目的而言,传统研究方法可以作出有意义的贡献。如果从身体健康和疾病的角度来建构世界,我们肯定希望避免后者,那么医学研究方法就很有价值。这并不意味着将医学当成真理,也不代表它的研究方法比其他学科更优越。我们必须承认传统有其价值,通常也很少有人有机会对这些价值提出质疑。例如,人们常常针对智力测验的方法展开讨论,却很少有人想到我们是否应该尊崇"智力"这一概念。从本质上说,这一概念本身值得商榷,它以牺牲其他人为代价让某些人获得成功。然而,当我们将所有人都置于这样一个测量的范围内,并宣布接近一半人的智力低于平均水平的时候,我们却从未怀疑自己究竟创造了一个怎样的社会。

表达方式的丰富

大多数科学研究都通过书面报告的形式与同行交流。但

社会建构：进入对话
Social Construction: Entering the Dialogue

是，对处于共同体之外的人来说，这些报告很难读懂。即便是共同体内部的人也常常觉得这些报告既复杂又枯燥。这种写作风格部分可以追溯到"真理的传统"，它强调对铁的事实的精确描述，憎恶可能对读者造成误导的修辞风格。人们认为，科学家只能在写作的框架之外保持热情，否则会蒙蔽读者的判断。然而，如果我们将真理理解为共同体的创造物，写作便不再受这类要求的束缚。相反，我们转而挑战科学写作的观点，将其视为共同体内部联系的一种方式。

在这种意义上，我们可以将传统的科学写作当作"一种可能的"表达方式，仅仅适用于特定的目标（例如，一群精英科学家之间有效率的沟通），在其他方面则比较受限。例如，如果科学写作只针对科学家群体，那么圈外的人就很难进入对话，科学就会具有明显的排他性。在社会科学中，普通公民常常是研究的对象，这种批评也就显得尤为引人关注。社会科学长期致力于发现各类人群的缺点，将他们称为"无知的""心胸狭窄的""顺从的""心智不健全的"或"有偏见的"，等等。然而，这些写作形式很少给予那些"受害者"机会，让他们真正理解这些描述，更不用说允许他们对此作出回应。

第四章
学术研究作为建构实践

带着这些争论，许多学者尤其是社会科学领域的研究者开始尝试新的写作形式，通过新的写作形式建构新的现实。有些人使用"自己的声音"呈现他们的研究。通过使用第一人称叙述个人经历，使内容更加吸引读者，有血有肉地展现科学家的经历。这种写作形式暗示着描述是一种建构，其他人可以有不同的理解。也有人以多重声音展现不同的视角。在最近由新西兰的毛利人心理咨询师撰写的一篇论文中，包含了三种不同的声音（和字体），即作者站在学术立场以研究者身份发出的声音（冷静而客观），作者个人的声音（充满强烈的感情）和毛利人的声音（使用毛利人本民族的语言）。

在另一个颇具吸引力的案例中，福克斯（Karen Fox）记录了一个因受到继父的性虐待而接受治疗的来访者的声音。她同时采访了那位因性虐待而入狱的继父。最后，由于福克斯本人也曾是一名性虐待的受害者，她还表达了自己的声音。这三重声音同时出现在报告中，不仅让读者体验了多重视角，而且通过多个视角的并置加深了读者对事件的理解。以下是对该文的部分摘录。

社会建构：进入对话
Social Construction: Entering the Dialogue

> **本(Ben)：性侵者**
> 她们刚搬来和我一起住的时候……什么都没有。大部分时候，她们只靠煎饼充饥……我把她们带回家里，收留了她们。就是她们的亲生父亲也从没像我这样照顾过她们。我时刻陪伴在她们左右。

> **谢里(Sherry)：受害者**
> 他给了我们以前从未有过的生活。我直到7岁才第一次吃到肉。我们以前一直靠煎饼和鸡蛋过活。是他给了我们一个家，给我们定了规矩。我们这些孩子以前从来没有规矩……他虽然做了这些好事，但不代表他没干坏事。这不能成为他被原谅的理由。我曾经感觉自己爱他，就像一个女儿爱父亲那样。

> **凯伦(Karen)：研究者**
> 本的妻子安(Betty Ann)说，本和谢里的关系十分亲近。他们几乎无话不谈。谢里甚至和本谈论女孩子的月经……

> **本：性侵者**
> 只要我们这些性侵者被社会否定，我们就不可能得到任何帮助。我们不得不为自己的所作所为负责。我的行为是错误的。我现在认识到了。

> **谢里：受害者**
> 这件事对我们造成的伤害无以复加。他得到了教训。两年来，谁的日子都不好过。

然而，有人还会更大胆地问：为什么一定要强调对"研究报告"的写作？我们有很多可供选择的表达方式，仅仅使用语词未免太受限制，为什么不能采用电影、录音、音乐、艺术、舞蹈、多媒体等形式呢？每一种表达方式都为建构世界以及在知识共同体内外建立联结提供了新的可能性。这种挑战同它们造成的影响一样令人兴奋。其实,已经有许多类似的先例。人类学家使用电影胶片记录土著民的生活已长达一个世纪。这些视频记录与口头报告相比,能够提供更多的信息。随着录音设备的使用,每个人都具备了与他人分享非正式生活方式的潜能。通过新的媒介可以建构新的世界。事实上,在创造现实方面,每个人都拥有不同的潜能。

镜头中的社会变革

社会研究者莱克斯(M. Brinton Lykes)多年来一直与危地马拉(Guatemala)山区的妇女们一起工作。长期内战使得这些妇女遭受了巨大灾难——亲人被敌军杀害,村庄被战火烧毁。莱克斯发给每个妇女一部相机,让她们记录战争对自己周围事物的破坏以及暴行。她将此作为一种心理疗愈模式,以及与这些妇女一起共建家园的努力的一部分。然后,她组织这些妇女分享各自的照片,并讨论这些场景对她们生活的意义。对照片的讨论使这些妇女对事件的理解变得更加深刻和复杂,同时也为重建共同体铺平了道路。通过拍摄照片,妇女们获得了不寻常的机会,可以表达

社会建构：进入对话
Social Construction: Entering the Dialogue

> 她们对生活和未来的希望。通过分享，她们变得更加团结并受到鼓励去改变环境。照片和对话不仅帮助她们勾画出未来新的愿景和计划，而且帮助她们创造了新的现实。对这些妇女而言，关于"自己是谁"的定义，以及未来会变成什么样，在很大程度上取决于这种社会建构的努力。

社会研究方法的兴盛

以上四种挑战——打破学科界限，评估社会效用，鼓励多元方法，拓展表达方式——与知识创造的各方面都息息相关。然而，正如你想象的，与自然科学相比，建构论对人文社会科学的影响更大。在这些领域，新的研究实践开始萌芽。我们在这里介绍其中几个方面的发展，包括叙事研究、话语分析、民族志和行动研究等。

叙述自我

在传统研究中，社会科学家总是以他人作为观察和研究的对象，包括他们的动机、问题、习惯、关系，等等。建构论者对此提出质疑：为什么我们不能让对象发出自己的声音？谁授予我

第四章
学术研究作为建构实践

们权力替他人说话？我们怎么知道对象是否同意我们的结论呢？与其由我们来撰写他们的（about them）生活，为什么不让他们自己描述自己的生活呢？

允许研究对象发声的一个重要方法是叙事方法。你可能会想起我们前面对叙事的讨论。在那些案例中，研究者鼓励人们讲述自己的故事。例如，人们可以收集生活中的故事，分析自传或查找历史档案中的书信等。叙事研究可以为老龄化、移民、犯罪、吸毒、"出柜"（coming-out）等问题提供新的研究视野。这些故事很重要，不仅能让我们看到他人生活的现实，而且有助于我们从他人的视角来看待生活。

纠结于男性成功的单一神话

为了描绘叙事方法的实践，我们在此引用玛丽·格根（Mary Gergen）对高成就的美国人的自传研究。通过分析商业、科学、艺术、体育等领域杰出领导人的自传，玛丽发现，男性的生活似乎被我们通常所谓的"单一神话"（monomyth）主宰。这是一种世界各类文化中普遍存在的有关英雄历险的神话故事，即一个男人踏上遥远的征程（如征服一条龙或打败一个仇敌），最后作为一个收获了成功和胜利的英雄凯旋。这类神话故事对男性而言似乎构成了某种资源，为他们的生活提供了模板。但与此同时，玛丽在成功女性的自传中几乎没有发现这类单一神话的踪迹。女性成功者的叙事没有男性那样跌宕起伏，其中有很多对关系的描述。她们大多认为，相对个人奋斗而言，这些关系对自己更为重要。玛丽因此产生疑问，女性生活中缺少单一神话是不是她们更少获得成功的原因之一？或者，也许更重要的是，常见的叙事范围是否过于狭隘，以至于未能涵盖当代女性的活动？在一个以关系为中心的世界中，单一神话能不能作为一种指导年轻人生活的有前途的叙事？还是作为一个捆绑他们的拘束衣（straight jacket）？这也是一个价值问题，男性和女性在这个问题上往往持有不同的观点。

话语研究

极具影响力的法国理论家福柯（Michel Foucault）阐述了各种共同体（如科学、宗教、政府等）施行规训与惩罚的方式。规训

第四章
学术研究作为建构实践

与惩罚制度包括一系列规则，我们学习这些规则以规范自己的行为和表达。一旦吸收了某套规则，就等于学会了以特定的方式而不是其他方式行动。我们学着自我监控，不去做那些愚蠢、恶心或罪恶的事情，不需要任何人监视自己的一举一动。然而，规训也造成了我们的盲目，关闭了众多的可能性，并导致对被惩罚行为的贬低。受这种观点的影响，很多建构论者开始被话语研究及其对社会的影响力吸引。

研究者特别关注我们谈话和写作的方式如何塑造了我们的生活模式。我们使用的语词如何将我们导入某个方向，而将其他方向遮蔽？话语研究者分析我们借以生活的语言，不是因为这些语言有趣，而是希望促进社会变革。话语研究者不断地挑战我们的常识和我们认为理所当然的一切，以便我们可以获得自由和解放。例如，关注异性恋与同性恋——男异性恋（straight）与男同性恋（gay）——之间理所当然的划分，我们开始发现这种类别划分的局限性。即便已经知道性别问题非常复杂，我们依然将复杂的性别关系简单划分成两种互斥的类型。通过更加深入和批判性地审视日常话语，我们开始重新考量自己的生活方式，以探求新的道路。就性别而言，

社会建构：进入对话
Social Construction: Entering the Dialogue

我们开始发展新的术语，如泛性恋（polysexual）、学生期女同性恋（lesbian until graduation，LUG）、双性恋（bisexuality），等等。这些术语鼓励了新的文化模式。正如许多人看到的，话语研究的重点就在于人的解放。

> **"我太老了，不能……"：一种致命的解释**
>
> 伊利诺伊州出现了护士短缺的问题。社会学家博迪利（Chris Bodily）因此开始研究为什么护士超过50岁就不再工作，并且她们似乎都不愿意重返医疗岗位。对1 000多份问卷调查进行分析后，博迪利惊讶地发现，调查对象大都以年龄作为他们对退休的解释。类似"由于我的年纪……"或者"对我这个岁数的人来说，已经不可能……"这样的解释显得他们不再继续工作是一件十分理所当然的事情。但是，正如博迪利指出，人的年龄并不妨碍生产力的持续。类似的说法还有，"老了，跑不动了""打不了网球了"或者"不应该再有风流韵事了"。然而，研究发现，身体健康"走下坡路"往往是活动减少的结果，而不是活动太多。事实上，我们的身体潜能并不会因为我们变老而突然大幅减少，相反，身体机能的衰退在很大程度上是由于我们不再活跃。保持一定的活动水平可以帮助老年人降低血压，减少焦虑，促

第四章
学术研究作为建构实践

> 进睡眠,增强骨骼,提高心肺功能,最终使老年人在各方面都变得更加健康、强壮。除非他们接受新的话语,否则"我太老了,不能……"这种传统观念很容易让人提前离世。

生活世界:民族志探索

很多传统研究的目的是希望建立一套抽象的理论或原则以预测人类行为。在建构论者看来,那些抽象的理论与日常生活相距甚远,而且很容易过时。此外,很少有人知道,某个抽象概念应在什么时间、什么地点、以怎样的方式运用于某种具体情境。因此,很多社会科学研究者决定放弃对抽象理论的追求,转向民族志研究,关注不同人群的生活。民族志研究的意义在于帮助我们了解其他人是如何生活以及建构自己的世界的,这拓展了我们的视野、见识和生活中的可能性,也使得民族志方法日益盛行。

民族志研究并不是社会科学的新领域,它最早是在人类学中发展起来的。人类学家去到某个遥远的地方,与原始部族的人们生活在一起。例如,他们研究过巴布亚新几内亚的特罗布

社会建构：进入对话
Social Construction: Entering the Dialogue

里恩岛民（Trobriand）、印度尼西亚群岛的巴厘人（Balinese）和米南加保人（Minangkabau）等。随着这些尚未受到西方文化染指的"异域文化"日渐消失，人类学家开始转向对现代社会内部各种亚文化的研究。从那时起，许多社会学家加入了这一队伍，开始研究少数民族社区、宗教崇拜、性工作者、健美运动员、飞车党等相对而言不太容易被主流文化认同的群体。

民族志研究之所以吸引建构论者，除了因为它们阐释了对世界的不同建构方式，还因为可以避免实验室条件下的操纵与蒙骗。此外，建构论思想也为民族志研究扩展了视野。民族志研究近期有两个发展振奋人心。

协作民族志（collaborative ethnography）。越来越多的研究者开始反思："是谁给了我权力去描述这些人，用我的语词去解释他们的生活？他们为什么没有权力定义自身呢？"这类反思激励了很多研究者积极探求与他们希望的研究对象协同工作的模式。例如，几年前，我们在得克萨斯州的同事苏伊里希（James Scheurich）开始对美籍墨西哥移民的经历感兴趣。他得到两名有墨西哥文化背景的研究生的帮助，着手创建了一项关于受邀者的经历或者由后者参与的行动研究。他们向参与者提

第四章
学术研究作为建构实践

供了很多影像、美学等方面的知识和课程作为支持。很多移民以文字、录音、照片、幻灯片等方式分享了他们各自的故事。除了音乐和诗歌，还有很多与观众展开互动的演讲。研究者希望用多种声音而不是以一个核心主题或隐喻来呈现墨西哥移民的经历。事实上，根本不存在某种唯一的墨西哥移民经历。参观者还被允许以自己的方式对那些事件作出回应。这种研究强调每一个参与者（或观察者）的建构潜力，从而避免了单一呈现方式可能引起的排斥感或被拒绝的威胁。研究者在报告中强调，对研究对象的生活而言，并不存在某种简单或唯一的理解。

自我民族志（autoethnography）。越来越多的研究者自问："我从来没有以他们的身份生活过，怎么能报告他们的生活呢？"这种反思刺激了自我民族志的发展——研究者通过揭示自身的生活经历来展示某种特殊的亚文化。例如，罗纳依（Carol Rambo Ronai）描述了自己作为"绅士俱乐部"的一名美女钢管舞者（pole dancer）和泥浆摔跤手（mud-wrestler）的人生经历。她的自我民族志是对自我感知的描述和反思，反映了那些与她一样的女孩子、俱乐部老板、观众以及做这种生意的俱乐部的内部气氛之间的关系联结。她的描述充满了戏剧色彩、情感张力、

社会建构：进入对话
Social Construction: Entering the Dialogue

暴力、感官兴奋和厌恶。作为一名舞者兼研究者，她的目的是让读者更多地了解在这种俱乐部做一名供人消遣的表演者的经历，而不是提供那种毫无情感、缺乏深度的描述：

> 当凯蒂(Kitty)走出摔跤场，我作为胜利者，拍了拍她的屁股。她回头看我，一脸疲惫，明显不想理睬我。我用随手抄起的小零碎打她的后背，那些砸在她身上的东西发出声响，观众兴奋起来……于是，凯蒂愤怒地冲过来，一跃将我扑倒在地。观众就喜欢看这样的场景。为了强调她是赢家，凯蒂骑在我身上，摆出胜利者的手势。心力交瘁、筋疲力尽、颜面扫地……我起身去更衣室换衣服……内心五味杂陈，有一种特别想哭的感觉……眼前的一切伴随着建筑物内机械的隆隆声，摇曳着、威胁着向我逼近。我拼命想要抓住一点东西倚靠，表面却得装出满不在乎的样子，以掩饰自己内心的恐惧。(pp.119-120)

建构新的世界：行动研究

传统研究与建构论研究的最大区别在于对个人和社会变革

第四章
学术研究作为建构实践

的看法不同。传统研究倾向于假设人类行为具有高度稳定性。例如,传统研究聚焦于人的认知、领导、种族差异或社会结构,似乎这些都是持续不变的。心理学家在神经科学研究和进化论基础上假设,今天的研究发现可以适用于所有的时代和文化。相反,建构论者则强调人类发展变革的潜能。他们认为,各种形式的文化生活是由被分享着的意义与价值构成的,而话语和价值是不断改变的,因此文化生活总在发生变革。苏联解体、南非种族主义制度的瓦解、全球恐怖主义的蔓延等只是其中的几个例子。昨天的研究结论明天是否依然适用,永远是摆在研究者桌面上的一个问题。

出于这种考虑,研究者愈加关注这样一种可能性,即研究不再是为了"温旧而知新"——以过去预见未来,而是直接创造新的未来。对此,最有代表性的是行动研究。行动研究开始于20世纪70年代,带着那个时代人们对知识与政治的狂热和激情。研究者不再挤在狭窄的实验室里研究人和动物,为了向资助者交差而发表那些只供同行阅读的报告或论文。相反,他们开始走出去,为那些真正有需要的人提供服务。他们希望自己的研究能够帮助那些受到经济和政治压迫的人获得解放，创造新的人生。这种研究取向已经发展了很多年，特别是在英国、斯堪的纳维亚半岛（Scandinavia）和南美地区。20世纪90年代末，在哥伦比亚的卡塔赫纳（Cartagena, Colombia）举办了一场行动研究国际研讨会，吸引了来自全世界61个国家的2 000多名代表参会。行动研究的主要议题包括减轻痛苦、建立公正、减少冲突和加快民主进程等。当前，行动研究已被广泛运用于组织变革、学校教育、社区发展和心理治疗等多个社会实践领域。

行动研究在实践

在加拿大的渥太华（Ottawa, Canada），有一个为街道流浪少年儿童开设的收容中心正面临危机。有些人认为，中心需要进一步结构化和建立更多的规章制度；也有一些人认为，需要招募更多的顾问和员工；还有人认为，这个中心应该关闭，以免这些"小痞子"（riff raff）在社区周围四处乱窜，制造安全隐患。该中心受到城市青少年服务机构的支持。后者决定对中心开展研究，以便进一步对它进行改革。然而，他们没有采取传统的研究方法，即在一定距离之外开展研究，并报告研究结果，而是选择了行动研究。特别值得注意的是，研究者与流

第四章
学术研究作为建构实践

浪中心的少年儿童之间发展出一种合作性的伙伴关系,吸引后者积极参与对中心的建设,并在其中创造自己的未来。在这个过程中,研究者和中心员工为孩子们提供帮助。这个研究团队共包括6名流浪少年儿童、2名中心员工和1名外部研究者。

行动研究的第一步是组建团队。要求参与进来的少年儿童了解研究过程,并信任团队中的成年人。团队的目标是对中心的工作进行评估,以便为管理部门提供建议,帮助中心更好地为少年儿童提供服务。通过长达18个月的努力奋斗,团队终于实现了目标。在这一过程中,那些流浪的少年儿童全面参与、倾情投入,从服务对象这一重要视角评价中心的工作。少年儿童与成人伙伴共同参与创造性活动,如为自己订购衣物和装备,这是他们向外界和其他少年儿童展示自我的机会。尽管购买哪些装备需要充分的论证和数据支持,但最终呈现出来的效果多彩、热闹、喧嚣,充满了青春的活力和幽默感。经过共同努力,该中心成为该地区少年儿童生活中充满生机和活力的重要元素。而那些孩子也通过自己的努力,为中心的建设和未来发展作出了贡献。

本章小结

随着建构论思想进入研究共同体,研究者开始自我反思、迸发热情并积极创新。当前,社会科学正处在转型期,未来似乎还不明朗。建构论倡导多元主义——多重观点、多种方法、多元价值。本章描述的研究形式包括叙事研究、话语分析、民族志探索和行动研究。其中,每一种方法都基于建构论取向,有助于扩展对社会现实的理解,促进各类共同体的变革。接受多元论,还为创造性共谋和思想碰撞(creative collusions and collisions)打造了平台。如果我们幸运,变革还将进一步持续。

第五章

从批判到合作

对很多人来说,建构论令其深感不安。它拷问了日常生活中最核心的价值与现实,却没有为人们提供另一种清晰可行的替代性方案。由于它动摇了传统对真理、客观、道德信念的基本诉求,因此,它在当前这场所谓的"文化战争"中扮演了重要角色。在此,批评家否定这种可能性,即任何一种亚文化都有权拥有自己的真理和价值。建构论观点同样对"科学战争"作出了重要贡献。而在这之中,批评家反对建构论的假设,即将科学真理仅仅视为许多真理中的"一种"。如你所见,建构论遭遇了多方面的攻击。

本章我们将检索几个重要的批判维度。对于那些批评,我们试图给予令人信服的反驳。然而,有一点需要注意,即我们回

社会建构：进入对话
Social Construction: Entering the Dialogue

答问题的方式与内容具有同等重要性。如果我们承认存在唯一正确的真理、理性或价值，我们就应努力去证明所有对建构论的批判都是错误的——犯了很多根本性错误。然而，从建构论的立场看，并不存在所谓根本性错误。我们无需为了证明建构论优于其他所有观点而奋起反击。相反，我们可以将批判当作一种邀请，以促进新的对话与合作，并从中发展出新的理解、认识或探索。我们的回答无意指责或异化任何批评，而意在聚合所有人的智慧共同创新。下面我们将回应三种在一定程度上带有普遍性的批评，即虚无主义、实在论和相对主义的批判。

从虚无主义到被丰富的现实

建构论似乎动摇了所有的信念，很多人对此感到恐惧。他们抱怨：根据建构论的观点，我们无法再相信科学能够揭示真理，科学变成了一个故事。同样，我们有关历史、政治、世界环境、宗教等的所有认识都仅仅是故事。这不是陷我们于虚无了吗？难道就真的没有真理了吗？没有任何东西值得我们信赖或依靠了吗？此外，如果承认被人们认为真实、美好的一切事物都只是一种建构，我们会不会变得冷漠？会不会停下探索的脚步？

第五章
从批判到合作

甚至放弃所有的努力，因为没有什么东西值得？

作为对这些质疑的回应，建构论完全理解对可靠现实的追求。如果某种解释是对的，有谁会不愿意相信或认同呢？我们都相信医生所说的"这种药能够治愈你的感染"，或者飞行员告知的"这架飞机将飞往旧金山"之类的事实。我们希望新闻报道都是真的；科学家在报告中没有掺假。在这种意义上，建构论并不是虚无主义，我们拥有协作创造的空间。

本着这种精神，让我们再来考虑那个令许多人悲观失望的观点，即"那不过是一种社会的建构"。这个短语之所以重要，是因为批评者坚持认为，有一些对现实的描述不是"社会的建构"，而是对世界的"准确描述"。如果我们接受这种传统观点，即某种特定的语词排列是对世界本来面目的唯一正确描述，我们便摆脱了虚无主义的诅咒。换言之，接受建构论并不意味着放弃那些被称为"真理"的东西，而是要求视所有真理都产生于特定的文化历史背景或某种关系脉络。建构论的意思不是说我们前面提到的医生所言、飞行员通告、新闻报道或科学报告不是真的或者不可靠，而是说，我们认识到，所有的言论只在特定的情境下才有意义。例如，我们接受对疾病、

社会建构：进入对话
Social Construction: Entering the Dialogue

生命和死亡的建构，才会相信医学对治疗的主张；我们认同"飞往旧金山"这句话的意义，才会进一步期待飞行员准确告知何时可以到达目的地。在一种传统内部，掌握真理对追求成功无疑具有重要意义。

除了认可本土真理（local truths）的重要性，建构论还有另外两层含义。首先，反对任何团体宣称自己的本土真理具有普适性或要求取代其他真理。人类历史上的很多灾难都是因为某些团体企图将自己的真理——关于上帝、正义、优等民族或罪恶——强加给其他团体而造成的。在当今世界，不同文化信仰之间冲突不断，而西方文化又强烈倾向于认为自己的真理优于其他文化的真理。因此，如果我们还想和平地在这个星球上生存共处，认识到这一点就很重要，即没有正当理由允许任何一个团体消灭其他另类的现实。

从平等意义上来说，建构论在强调本土真理的同时，还倡导人们对那些与自己不同的真和善进行探索。这样做不仅提醒我们，不能将本土化的现实强制推行到本土边界之外，而且鼓励人们探索其他外域的建构，认识到这些建构对其创造者而言是极其有效的。在这种意义上，科学家不需要再假装对唯心论或神创论视而不见。后一种真理对科学的地位并不构成威胁，这些话语服务于其他功能。它们为世界和人生提供了科学无力提供的某种解释或意义。与人们对所谓"恐怖主义活动"的痛恨和谴责相比，更有效的做法是走进他们的意义世界，理解他们这一共同体中的行事逻辑。通过全面的相互沟通，我们或许能找到协同创造而不是相互毁灭的路径。

超越实在论：身体、心灵和权力

与虚无主义批判十分接近的还有这样一种批判，即认为建构论不符合日常生活中明显的事实。阻力主要来自三个方面：第一，有批评家认为，人的身体是理解社会生活的核心。在他们看来，身体是一种无法回避的现实。就像人们常说："身体限制了我们。"我们借助身体来体验世界，一旦身体出了问题，我们对世界和自我的认识也将随之改变。第二，有些批评家觉得个体内部的心灵（mind）才是重点。有谁不是用心灵去解释自己对世界的经验呢？难道情感和思想不会影响我们的行为吗？第三，还有一些社会科学家指责建构论未能有效处理不同社会团体之间拥有的权力差异。他们认为，如果我们不能正视权力分

社会建构：进入对话
Social Construction: Entering the Dialogue

配的差异，就不可能缓解或消除许多人遭受压迫的现状。举例而言，如果承认贫穷、压迫、饥饿和种族灭绝都只是某种社会建构，我们就没有行动力了。

这种批判常常被贴上"实在论"（realist）的标签，实在论希望坚持对某些特定现实的诉求。由于实在论宣称某些东西——如身体、心灵或权力，是先于语言而存在的，是这个世界上最重要和不可否认的东西，因此又被称为"本质主义"（essentialist）。建构论很重视这些批评。毕竟，有谁愿意抛弃身体、心灵、统治结构或社会正义呢？但是，在我们考虑如何协调这些问题之前，首先需要指出，这些批判是出于根本性的误解。建构论观点主要是在元水平（meta-level）层面起作用。也就是说，它试图解释我们是如何分享有关真实与美好的一般观念的。例如，建构论想要说明我们怎么把身体理解为"机器"，而不是"神圣的盛器"。这种理解与西方文化中"个体心灵"的概念有关，个体心灵不同于其他文化对心理的建构。建构论解释了权力被建构的多种方式，以及附着在不同建构之上的利与弊。实际上，建构论试图理解我们的理解。它在这样做的时候，为我们提供了一套可用于多种目的的工具或话语。你还记得建构论的"大伞"隐喻吗？各种被建构的现实统统被纳入这把大伞之下——包括建构论本身创造的现实。

不幸的是,批评家们将建构论在元理论水平上的描述误解为试图告知人们有关世界的真理。在他们看来,建构论盲目地忽略身体、心灵或权力等现实。这是对建构论的一种误读。在元理论水平上,建构论希望生成某种对可能性的意识、某种新的意义取向,而不是某种"新的真理"。在建构论这把"大伞"之下,我们当然会考虑这些现实,而在元理论水平上不需要考虑。在这种语境中,我们可以与那些身体、心灵和权力的拥护者协同工作。在这种情况下,协同创造包含以下三个方面。

1. 参与对现实的建构

建构论的元理论并不要求任何一种特定的理解方式,任何人都可以自由地探索各种观点的潜在意义。绝大多数人把身体和心灵视为日常现实的一部分,建构论者(或任何其他人)无需中止这些实践。虽然我们深受建构论思想的影响,但我们同样会参与日常关于身体和情感的谈话。这些术语对我们有效地维持关系实乃非常重要。我们很愿意共同参与对现实的建构。

与此同时,这样做并不意味着脱离建构论。参与本土现实

社会建构：进入对话
Social Construction: Entering the Dialogue

的同时不放弃建构论，就好比一个人欣赏莫扎特的曲子并不需要放弃自己喜爱的蓝调音乐。同样，当我们谈论身体、心灵和权力时，建构论的观点其实特别好用。例如，有很多研究者关注社会压迫和不公平现象，并致力于改变社会权力的分配。这些学者同样采用建构论的观点去驳斥由政府官员提供的那些现实。他们阐释了官方公布的事实如何成为一种意识形态建构，以及为什么它们会受到质疑。我们因为使用多种话语（如建构论、实在论）而变得丰富。为了使日常谈话能够顺利进行，参与对共同认可的"现实"的建构很重要。

2. 共同探索局限性

尽管日常谈话通常具有实在性（此刻对我们来说是真的），建构论仍然邀请我们共同思考语言的局限性。例如，权力话语对激励我们为正义而战具有重要作用。在西方传统中，我们几乎无法容忍有人控制我们的行为，或者将他们的幸福建立在我们的痛苦之上。但是，这种权力的愿景具有分裂性。它把他人（"有权者"）建构成坏人，同时又以一种强势的姿态要求消灭这些坏人。现在，需要权力的是我们！当然，那些"有权势的坏人"感受到我们的愤恨，一定会想方法自卫。他们认为自己所做的一切都是有道理的，而我们是在蓄意破坏他们建构起来的美好。我们很快就会全副武装，各执一词。合作建构一个公正社会的可能性越来越小，人们更倾向于消灭彼此。因此，我们在参与日常谈话时，不能忽视它们的局限性。

3. 共创新的愿景

对局限性的探索引导出最后一种选择，即共同工作，创造出新的、更加切实可行的理解和行为方式。再次思考权力的概念，与其将权力视为一种结构，即坏人高高在上，好人在底层受压迫，我们更愿意相信，权力产生于持续的关系中。如果有足够多的人开始分享同样的观点和价值，他们将会自发地组织起来，发展共同体意识，安排议程和计划，最终有效地实现自己的目标。简单地说，他们将创造一个权力中心。这样看来，在同一种文化中可能存在多种权力中心，而且随着对话的继续，权力中心也会不断改变。当我们认可权力以这种方式分配时，社会变革便意味着与各种不同的团体合作。这些团体甚至可能包括原本高高在上的那些敌人。想象一个组织能为所有人——不同层级、不同立场的人创造一个论坛，针对组织的希望和梦想展开对话；想象一个共同体或一个城市能够邀请每一位市民（包括年轻人和

社会建构：进入对话
Social Construction: Entering the Dialogue

老人、穷人和富人），参与有关未来希望和梦想的对话。建构论并没有丢弃任何一种意义传统，而是引导人们发展更加切实可行的相互作用。

超越道德相对论

关于建构论的最后一种也是最常见的批判指向它的道德软弱。批评者认为，建构论破坏了所有道德观的基础，却未能用自己的观点取代它们。建构论通常认为，一切道德标准或宗教原则的基础产生于特定的共同体内部。从这种意义上说，这些标准和原则并不是神定的、理性的或普适性的契约。批评家因此质疑，在建构论者眼里，所有的道德似乎都是平等的，善良未必优于暴虐，外交手段也未必好过种族灭绝，等等。我们因此很可能对一切都抱有"无所谓"的态度。

可以肯定的是，没有谁愿意看见所有美好的标准被打破。此外，相比其他生活方式，我们都会倾向于选择某种特定的生活方式，没有人愿意将人类的暴行等同于其他待人方式。建构论者并不比其他人更少参与社会，就这一方面而言，他们深入探索了各种不同的善。建构论并不是要人们逃离所有的道德观，那

第五章
从批判到合作

样等于践踏了所有的传统。相反，它邀请我们理解本土道德观，提防那些破坏这种道德的人。实际上，对很多研究者而言，正是将道德意识形态作为人类社会的建构这种观点让他们能够畅所欲言。对女性主义者、少数民族活动家、同性恋权利活动家、精神病人康复群体、聋人文化和其他少数民族来说，他们的观点正在被赋予更多权力。他们被鼓励质疑社会现状，促进某些边缘化立场的合法化。

假设针对某些道德生活方式对建构论者和批评家同时开展调查，任务是为建构切实可行的未来确定共同的基础。从下列问题开始调查，可能会让对话更有效：我们希望授权给任何团体，允许他们宣布自己的道德体系具有普适性，并把这种道德体系强加给世界上所有其他人吗？鉴于这个世界是由各种不同的道德取向构成的，我们肯定会回答："不！"因为很明显，文化对什么是善存在太多强烈的争议。对一个8岁的孩子是否应该在地毯厂打工以帮助家庭维持生计，各方观点迥异；对以色列是否应该从巴勒斯坦的领土上撤军，或者是否应该建一堵墙隔离巴勒斯坦人，同样存在不同的见解和道德争议。在当前恐怖主义猖獗的背景下，美国总统是否有权更改旨在保护战犯免遭酷刑的

社会建构：进入对话
Social Construction: Entering the Dialogue

《日内瓦公约》(*Geneva Conventions*)也极具争议。我们到底应该消灭哪一种传统，又应该接受谁的暴政？

从这种意义上说，我们的问题并不在于缺乏道德价值。我们都生活在一定的传统中，每一种传统都在珍视某些行为的同时谴责其他行为。其中的主要挑战是存在大量不同的道德善行，以及人们的坚持和固执。正是在这一点上，建构论作出了重大贡献。如果所有的道德善行都产生于不同的关系传统，我们必须认识到，差异是不可避免的。这种差异不仅存在于我们现有的传统之间，而且会不断发展出新的传统。此外，由于道德价值是文化的建构，我们不需要为了哪一种更好、哪一种最好而争论。对优越的道德准则的探索并不比为了选出最杰出的音乐流派或美味佳肴而淘汰其他人更富有成效。相反，对建构论者而言，首先要务实。如果我们不希望有人将自己的道德观强加于他人，不希望看到冲突最终以种族灭绝而结束，我们就必须共同开始新的探究，共同考虑切实有效的解决价值冲突的实践方式。我们必须创造有效的实践以弱化差异，跨越边界，并建构新的关系。

此外，建构论还有一个重要贡献。正如前面几章所述，建构论鼓励人们在实践中加强各种方式的协作，吸引不同的人到共同的事业中，减少对手间的分歧。从广义上来说，所有这些实践都使人们摆脱了单一的道德承诺——唯一真理的信念——共同生活在多元世界中。在最佳意义上，它使我们超越了消极的容忍，走向对多元世界的理解。这并不意味着它是反应迟钝的相对主义。相反，正因为相互交往的广度和深度，我们终将发生改变。这种改变将会为我们带来新的生活方式，让我们能够更好地共同生活。目前，我们才刚刚开始发展有效的实践形式。未来掌握在我们自己手中。

本章小结

　　本章我们讨论了对虚无主义、实在论和道德相对论的批判，并尝试分别对其作出回应。在众多对建构论的批判中有一个重要问题，那就是批判者秉持的陈旧真理观。总的来说，批评家将建构论视为一种普适性真理的候选对象。在批评者们看来，接受建构论作为真理，就意味着所有其他对知识的诉求（尤其是他们自己的）都是有瑕疵的或错误的。然而，正如我们想要证明的，建构论挑战了这种存在着某种先验真理的假设。在建构论者看来，**语言是被人们**

社会建构:进入对话
Social Construction: Entering the Dialogue

> **用来一起做事的**(language is used by people to do things together)。我们的话语越丰富,人们协作的力量就越大。这并不是说建构论的观点就是真理,而是指建构论邀请了新的理解和行为方式。最重要的是建构论对未来的影响。在我们看来,这是一套既奇妙又实用的话语,是对多元化和创新性的盛情邀约。它为在所有人之间开展对话,为生活方式的不断创新与整合,以及用富有生命力的共同体代替致命的冲突创造了可能。我们希望读者能够通过本书理解建构论蕴含的这些潜能。

相关资源

第一章 话说社会建构

Berger, Peter & Luckmann, Thomas (1966). *The Social Construction of Reality*. New York: Doubleday. (该书是社会科学领域阐述社会建构论概念的第一部著作。该书的重点在于意义生成过程中的社会结构和认知过程,而我们强调的是关系中的人。)

Gergen, Kenneth J. (1999). *An Invitation to Social Construction*. Thousand Oaks, CA, London: Sage. (该书包含对社会建构论观点及其对研究和实践的意涵更为全面的介绍。该书 2015 年出版至英文第三版,第三版中文版于 2019 年由上海教育出版社推出。)

Gergen, Mary & Davis, Sara N. (Eds.) (1997). *Toward*

a New Psychology of Gender. New York：Routledge.（该书对社会建构论及其与女性主义思想的关系进行了讨论。）

Gergen, Mary & Gergen, Kenneth J.（Eds.）（2003）. *Social Construction: A Reader*. London：Sage.（该书是一本有关社会建构论的理论与实践的论文集，包含古典和当代的一系列文献。）

Potter, Jonathan（1996）. *Representing Reality*. London：Sage.（这部深刻的著作特别强调了话语对建构人类理解的作用。）

Sarbin, Theodore & Kitsuse, John（Eds.）（1994）. *Constructing the Social*. London：Sage.（这是一部论文集，其中收录了一系列有关日常生活的社会建构的相关文献。）

Positive Aging Newsletter, edited by Ken and Mary Gergen.《积极老龄化通讯》由肯尼思·J.格根和玛丽·格根编辑。读者可以浏览以下网站，并且可以通过该网站订阅：www.positiveaging.net。

第二章　从批判到重构

Bellah, Robert, et al.（1985）. *Habits of the Heart*.

Berkeley：University of California Press.（该书对个人主义意识形态对人际关系的影响进行了强有力的批判。）

Frank，Arthur（1995）. *The Wounded Storyteller*. Chicago：University of Chicago Press.

Gergen，Kenneth J. (1994). *Realities and Relationships: Soundings in Social Construction*. Cambridge：Harvard University Press.（有关关系心灵的更多内容可参见该书第八章和第九章。）

Lutz，Catherine（1998）. *Unnatural Emotions*. Chicago：University of Chicago Press.（该书对情绪作为遥远文化的建构作了充分说明。）

Martin，Emily（1987）. *The Woman in the Body: A Cultural Analysis of Reproduction*. Boston：Beacon Press.（该书作者是一位医学人类学家，详细说明了社会与医疗实践如何创造了女性。）

Sampson，Edward E. (1993). *Celebrating the Other*. Boulder：Westview.（该书很好地介绍了从自我到关系的转变，中译本将由上海教育出版社推出。）

第三章　社会建构与专业实践

在心理治疗领域

Anderson, Harlene（1997）. *Conversation, Language, and Possibilities*. New York: Basic Books.（该书描述了心理治疗中的"不知"取向。）

Bohan, Janis & Russell, Glenda（1999）. *Conversations about Psychology and Sexual Orientation*. New York: New York University Press.（该书从建构论的视角讨论了心理治疗和性取向，同时对性别偏好的生物学解释提出了挑战。）

De Shazer, Steve（1994）. *Words were Originally Magic*. New York: Norton.

McLeod, John（1997）. *Narrative and Psychotherapy*. London: Sage.（该书对叙事疗法的发展作了极好的综述。）

McNamee, Sheila & Gergen, Kenneth J.（Eds.）（1993）. *Therapy as Social Construction*. London, Thousand Oaks, CA: Sage.（这是一部经典论文集，主题为社会建构论框架内的心理治疗实践。）

O'Hanlon, William & Wiener-Davis, M.（1988）. *In*

Search of Solutions: A New Direction in Psychotherapy. New York：Norton.（该书代表了将治疗作为重构的早期成果。）

White，Michael & Epston，David（1990）. *Narrative Means to Therapeutic Ends*. New York：Norton.（这是一部有关叙事治疗领域发展的重要著作。）

在组织发展领域

Anderson，Harlene，et al.（2001）. *The Appreciative Organization*. Chagrin Falls，OH：Taos Institute Publications.（陶斯研究院出版的焦点系列丛书之一，将欣赏型探究的观点应用于组织生活。作者是陶斯研究院的创始人之一。）

Cooperrider，David & Avital，Michael（Eds.）（2004）. *Advances in Appreciative Inquiry: Constructive Discourse and Human Organization*. New York：Elsevier Publishing.（这是一本论文集，由很多欣赏型探究的研究者和实践者共同撰写。）

Coopemder，David，Whitney，Diana & Stavros，Jacqueline.（2003）. *The Appreciative Inquiry Handbook: For Leaders of Change*. Cleveland，Ohio：Lakeshore Publishers.

Cooperrider, David, Sorensen, Peter, J., Whitney, Diana & Yeager, Therese (Eds.) (2000). *Appreciative Inquiry: Rethinking Human Organizing Toward a Positive Theory of Change*. Stipes Publishing, Champagne, IL.

Drath, Wilfred (2001). *The Deep Blue Sea: Rethinking the Source of Leadership*. San Francisco: Jossey Bass.

Fry, Ron, Barrett, Frank, et al. (Eds.). *Appreciative Inquiry: Applications in the Field*. Westpoint, CT: Quorum Books.（该书为有关欣赏型探究行为实践的案例研究。）

Schiller, Marge, Holland, Bea Mah & Riley, Deanna (2001). *Appreciative Leaders*. Chagrin Falls, OH: Taos Institute Publications.（该书是对20多位具有欣赏型探究取向的领导者进行的访谈与评论。）

Watkins, Jane & Mohr, Bernard (2001). *Appreciative Inquiry: Change at the Speed of Imagination*. San Francisco, CA: Jossey Bass Pfeiffer.（该书是两位重要的实践者为欣赏型探究撰写的综述。）

Whitney, Diana & Trosten-Bloom, Amanda (2003). *The*

Power of Appreciative Inquiry: A Practical Guide to Positive Change. San Francisco：Berrett-Koehler.（该书为欣赏型探究提供了有效的指导，作者是组织咨询领域的两位重要人物。）

Whitney，Diana，Cooperrider，David，Trosten-Bloom，Amanda & Kaplin，Brian（2002）. *Encylopedia of Positive Questions. Volume one: Using AI to Bring Out the Best in Your Organization*. Cleveland，Ohio：Lakeshore Communications.（这是一部有关欣赏型探究问题的实用纲要。）

希望进一步了解欣赏型探究的当代发展可参见：http://appreciativeinquiry.cwru.edu. 该网站由凯斯西储大学（Case Western Reserve University）提供赞助。

陶斯研究院每年都会安排很多场欣赏型探究工作坊，具体日程表及相关信息可参见：www.taosinstitute.net.

在教育领域

Barbules，N. C.（1993）. *Dialogue in Teaching*. New York：Teacher's College Press.（运用对话增进教学实践。）

Bruffee，Kenneth A.（1993）. *Collaborative Learning*，

Higher Education, Interdependence, and the Authority of Knowledge. Baltimore, MD: Johns Hopkins University Press. (这是一本重要教材, 作者是合作学习的代表人物之一。)

Bruner, Jerome (1996). *The Culture of Education*. Cambridge, MA: Harvard University Press. (该书包含许多有关教育的文化建构问题的争论。)

Friere, Paulo (1978). *Pedagogy of the Oppressed*. Harmondsworth, England: Penguin Books. (该书为批判教育学领域的一部开创性著作。)

了解更多有关合作写作的内容可登录网站: www.stanford.edu/group/collaborate.

冲突解决领域

公共对话项目, 参见: www.publicconversations.org(包含25个旨趣相投的冲突解决组织的链接。)

Suskind, L., McKearnan, S. & Thomas-Larmer, J. (Eds.)(1999). *The Consensus Building Handbook*. Thousand Oaks, CA: Sage. (这是一部为那些对冲突解决感兴趣的读者撰写的实践手册。)

Weiner, E. (Ed.) (1998). *The Handbook of Interactive Coexistence*. New York: Continuum. (这是一本有关冲突解决的理论与实践的资料集。)

第四章　学术研究作为建构实践

Bodily, Chris (1995). Ageism and the Deployments of "Age": A Constructionist View. In Sarbin, T. & Kitsuse, J. (Eds.). *Constructing the Social*. London: Sage.

Daiute, Colette & Lightfoot, Cynthia (Eds.) (2004). *Narrative Analysis: Studying the Development of Individuals in Society*. London, Thousand Oaks, CA: Sage. (该书包含一些有用的研究模型,其中包括玛丽·格根根据自己从事叙事研究的经验撰写的一章。)

Denzin, Norman & Lincoln, Yvonne (Eds.) (2000). *Handbook of Qualitative Research* (2nd ed.). Thousand Oaks, CA: Sage. (该书介绍了质性研究的发展,是极好的参考资料。)

Ellis, Carolyn & Bochner, Arthur P. (1996). *Composing*

Ethnography: Alternative Forms of Qualitative Writing. Walnut Creek, CA: AltaMira Press. (这是一部资料汇编，主题为社会科学写作的创新。)

Foucault, Michel (1980). *Power/knowledge*. New York: Pantheon. (该书对福柯最重要的思想——话语与权力的关系作了概述。)

Gergen, Mary (2001). *Feminist Reconstructions in Psychology: Narrative, Gender and Performance*. Thousand Oaks, CA: Sage. (作者玛丽·格根介绍了她对叙事与性别问题进行的女性主义研究，其中包含一些表演取向的探究实例。)

Kuhn, Thomas S. (1970). *The Structure of Scientific Revolutions*. (2nd, rev. ed.). Chicago: University of Chicago Press. (该书动摇了科学事业的根基，为科学知识的社会建构论观点开辟了道路。)

Lykes, M. Brinton (1997). Dialogue with Guatemalan Indian Women: Critical Perspectives on Constructing Collaborative Research. In Gergen, M. & Davis, S. (Eds.) *Toward a New Psychology of Gender*. New York: Routledge. (该

书反映了女性主义心理学中的社会建构论取向,介绍了作者在中美洲的工作。)

Reason, Peter & Bradford, Hilary (2001). *Handbook of Action Research*. London: Sage. (这是一部当代行动研究的优秀论文汇编。)

Ronai, Carol Rambo (2002). The Next Night Sous Rature: Wrestling with Derrida's Mimesis. In N. K. Denzin & Y. S. Lincoln (Eds.), *The Qualitative Inquiry Reader* (pp. 105 - 124). London, Thousand Oaks, CA: Sage. (一位"钢管舞者"所写的自我民族志,是一份另类质化研究方法资料,受到广泛推荐。)

第五章 从批判到合作

Gergen, Kenneth J. (1994). *Realities and Relationships*. Cambridge: Harvard University Press. (该书对来自经验主义和意识形态两大阵营的批判进行了广泛讨论。)

Hacking, Ian (1999). *The Social Construction of What?* Cambridge: Harvard University Press. (该书是一部哲学著作,

从建构论视角讨论了由科学知识建构出来的问题。)

Hepburn, Alexa (2003). Relativism and feminist psychology. In M. Gergen & K. Gergen (Eds.). *Social Construction: A Reader* (pp. 237 – 247). London, Thousand Oaks, CA: Sage.(这是女性主义社会建构论者对相对论批判的反驳。)

Hermans, C. A. M., Immink, G., de Jong, A. & van der Lans, J. (Eds.) (2002). *Social Constructionism and Theology*. Leiden: Brill.(该书尝试将建构论思想延伸至神学问题和宗教实践。)

Parker, Lan (1998). *Social Constructionism, Discourse and Realism*. London: Sage.(该书对实在论和建构论两种取向的关系作了批判性思考。)

Smith, Barbara (1997). *Belief and Resistance*. Cambridge: Harvard University Press.(这是对来自本质主义和实在论的批判的有力反击。)

更多来自肯尼思·J. 格根和玛丽·格根的资源可参见他们

的个人网页：

Kenneth J. Gergen—http://www.swarthmore.edu/SocSci/kgergen1

Mary Gergen—http://www.de.psu.edu/Faculty/gergen/gergen.html

陶斯研究院出版集团简介

  陶斯研究院是一家非营利性机构，致力于发展和践行造福世界的社会建构论。建构主义理论和实践将人与人之间相互沟通的过程视为意义、价值和行动产生的根源，聚焦于关系的过程及结果为人类带来的福祉。陶斯研究院出版集团致力于出版社会建构领域最新的理论和实践读物。这些书针对的读者群为社会建构论的研究者、相关从业者、学生以及其他对该领域感兴趣的人。"焦点系列丛书"(Focus Book Series)向人们阐释和介绍社会建构论的含义、重要概念和实用案例，而"专业系列丛书"(Books for Professional Series)则提供更有深度的研究，重点关注社会建构论研究和实践领域的最新发展。这两套丛书对个体、家庭、组织、社区、社会变革等相关领域的社会科学家及从业者，都具有重要的阅读价值。

肯尼思·J. 格根
陶斯研究院董事会主席

陶斯研究院董事会成员

贺琳·安德森（Harlene Anderson）

戴维·L. 库珀里德（David L. Cooperrider）

罗伯特·科特（Robert Cottor）

肯尼思·J. 格根（Kenneth J. Gergen）

玛丽·格根（Mary Gergen）

希拉·麦克纳米（Sheila McNamee）

黛安娜·惠特尼（Diana Whitney）

陶斯研究院出版集团编辑

贺琳·安德森（Harlene Anderson）

简·加洛韦·赛林（Jane Galloway Seiling）

杰姬·斯塔夫罗斯（Jackie Stavros）

执行董事

唐·多尔（Dawn Dole）

了解陶斯研究院的更多信息，请访问：www.taosinstitute.net

图书在版编目(CIP)数据

社会建构：进入对话/(美)肯尼思·J.格根，(美)玛丽·格根著；张学而译.—上海：上海教育出版社，2019.5（2023.11重印）
（社会建构论译丛）

ISBN 978-7-5444-9154-9

Ⅰ.①社… Ⅱ.①肯… ②玛… ③张… Ⅲ.①社会学-研究 Ⅳ.①C91

中国版本图书馆 CIP 数据核字(2019)第 100304 号

策划编辑　谢冬华
责任编辑　王佳悦
封面设计　陆　弦

Social Construction：Entering the Dialogue，Kenneth J. Gergen and Mary Gergen
ISBN：978-0-7880-2127-3
By Taos Institute Publications，Copyright © Kenneth J. Gergen and Mary Gergen
All Rights reserved. This translation published under license.
上海市版权局著作权合同登记号　图字 09-2018-425 号

社会建构论译丛
杨莉萍　[美]肯尼思·J.格根　主编

社会建构：进入对话
[美]肯尼思·J. 格根
[美]玛丽·格根　著
张学而　译

出版发行	上海教育出版社有限公司
官　　网	www.seph.com.cn
地　　址	上海市闵行区号景路159弄C座
邮　　编	201101
印　　刷	上海盛通时代印刷有限公司
开　　本	890×1240　1/32　印张4.5　插页5
字　　数	68千字
版　　次	2019年6月第1版
印　　次	2023年11月第3次印刷
印　　数	5,001-7,000 本
书　　号	ISBN 978-7-5444-9154-9/C•0019
定　　价	39.00 元

如发现质量问题，读者可向本社调换　电话：021-64373213